BREVE TRATADO SOBRE LA ORACIÓN

El gran medio de obtener la salvación eterna y todas las gracias que necesitamos

SAN ALFONSO DE LIGUORI

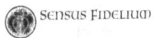

SENSUS FIDELIUM

Contents

DEDICADO A JESÚS Y MARÍA

¡OH PALABRA ENCARNADA! Tú has dado tu sangre y tu vida para merecer por nuestras oraciones eficacia para obtener todo lo que pedimos; y, ¡oh Dios! estamos tan despreocupados de nuestro destino eterno, que no nos tomamos la molestia de pedir las gracias necesarias para la salvación. Tú nos has dado por medio de la Oración, la llave de todos los tesoros divinos; y nosotros por descuido de la Oración, ¡continuamos en nuestra miseria y desdicha! Ilumínanos, Señor, y haznos comprender cuán eficaces son nuestras súplicas ante tu eterno Padre, cuando le son presentadas en tu nombre y por tus méritos. Te dedico este librito; bendícelo, Señor, y haz que todos aquellos en cuyas manos caiga, oren continuamente y se esfuercen por suscitar en los demás el espíritu de oración constante, para que también ellos se sirvan de ese gran medio de salvación.

A ti también, oh María, gran Madre de Dios, te encomiendo esta pequeña obra: extiéndele tu protección, obteniendo para todos los que la lean, el espíritu de Oración, la gracia de recurrir siempre, y en todas sus necesidades, a tu Hijo, y a ti, que eres la dispensadora de la gracia, y la madre de la misericordia,-a ti, que no sabes dejar en la tristeza a ninguno de los que se encomiendan a tus oraciones,-a ti, que eres esa Virgen poderosa, que obtiene de Dios, para sus siervos, todo lo que pide.

INTRODUCCIÓN MUY IMPORTANTE PARA EL LECTOR

He publicado ya varias obras espirituales, a saber: Visitas al Santísimo Sacramento, el Reloj de la Pasión de Jesucristo, las Glorias de María, un volumen que contiene una Refutación del Materialismo y del Deísmo, y varios pequeños Tratados de Devoción, una Novena de la Natividad, que trata de la infancia de Nuestro Señor, un Libro sobre las máximas eternas, titulado, una Preparación para la Muerte, que contiene mucha materia útil, para Sermones y Meditaciones, y también nueve Discursos para el tiempo de las calamidades públicas. Pero de todas estas obras, no considero ninguna más útil que este pequeño libro que trata de la oración como medio seguro y necesario para obtener la salvación y todas las gracias necesarias para ello. Si estuviera en mi poder, publicaría tantos ejemplares de esta pequeña obra como cristianos hay en la tierra, y daría a cada uno un ejemplar, para que cada uno se convenciera de la absoluta necesidad de la oración para la salvación.

Hablo así de este pequeño tratado, porque, por una parte, veo la absoluta necesidad de la oración tan fuertemente inculcada en cada página de las Sagradas Escrituras, y en los escritos de todos los Padres, y por otra, percibo que muy pocos cristianos hacen uso de ese gran medio de salvación. Lo que más me aflige es que, aunque no hay práctica en la que los predicadores, confesores o escritores espirituales debieran insistir con más calor o en términos más enérgicos que en la oración, sé que los predicadores rara vez la recomiendan a sus oyentes, o los confesores a sus penitentes, y que los libros espirituales que más circulan entre el pueblo no detallan suficientemente sus ventajas ni inculcan su necesidad. En efecto, sugieren muchos medios excelentes para conservar la gracia santificante, tales como evitar las ocasiones de pecado, frecuentar los sacramentos, resistir las tentaciones, escuchar la palabra de Dios, meditar en las verdades de la eternidad, y otros medios; todos los cuales son, lo admito, sumamente útiles. Pero de qué sirven, pregunto, los sermones, las meditaciones y todos los medios propuestos por los maestros de vida espiritual, sin la oración, cuando Jesucristo ha declarado que sólo concederá su gracia a los que la pidan. Pedid, dice, y recibiréis». En la providencia ordinaria de Dios, todas nuestras meditaciones, y buenos propósitos, y promesas, serán infructuosos sin la oración. Si no oramos, seremos infieles para siempre a todas las inspiraciones de la gracia de Dios y a nuestras propias promesas. Porque para hacer el bien, vencer la tentación y practicar la virtud, en una palabra, para observar todos los preceptos divinos, son insuficientes la luz que Dios derrama en nuestras almas y las reflexiones y resoluciones que nosotros mismos nos hacemos. Además, es necesaria la asistencia real de Dios, y, como veremos inmediatamente, el Todopoderoso concede esta asistencia real sólo a aquellos que oran y perseveran en la oración. Las luces que recibimos, y nuestras propias consideraciones y buenos propósitos, nos permiten orar realmente, cuando somos tentados a transgredir la ley divina, y por la oración, obtener de Dios la ayuda real, por la cual evitaremos el pecado. Pero si en la tentación no oramos, estaremos perdidos.

Me ha parecido bien, querido lector, decir tanto, a modo de prefacio, sobre las ventajas y la necesidad de la oración, para que devuelvas a Dios las gracias por haberte dado, por medio de este librito, ocasión de reflexionar más seriamente sobre la importancia de ese gran medio de salvación, por el único cual, todos los adultos que se salvan, obtienen ordinariamente el don de la perseverancia final. Os exhorto, pues, a que seáis agradecidos a Dios por este favor. El don de la oración es una gracia grandísima. Espero, querido lector, que después de haber leído este librito, no descuidarás, en el futuro, buscar la ayuda de Dios por medio de la oración, siempre que te sientas tentado a ofenderle. Si, en tu vida pasada, has caído en innumerables pecados graves, puedes estar seguro de que fue el resultado de no prestar atención a la oración, y de no implorar la ayuda divina para repeler las tentaciones por las que fuiste asaltado. Os ruego que leáis una y otra vez esta pequeña obra, no porque sea de mi producción, sino porque es un medio de salvación que Dios pone en vuestras manos, dándoos así una prueba especial de que desea que os salvéis. Y después de haberla hojeado, os ruego que induzcáis a leerla atentamente al mayor número posible de vuestros amigos y de los pobres con quienes conversáis. Comencemos ahora en el nombre del Señor.

El apóstol, escribiendo a Timoteo, dice: «Deseo, pues, ante todo, que se hagan súplicas, oraciones, intercesiones y acciones de gracias por todos los hombres»-1 Timoteo ii. 1. La oración, dice Santo Tomás, es una elevación del alma a Dios. Recibe diferentes nombres según los objetos que se buscan o el modo en que se buscan. Si el objeto de la Oración es algo determinado, se llama petición; si es indeterminado, como cuando decimos: «inclínate en mi ayuda, oh

Dios», se denomina súplica. La consagración es una forma solemne de oración, en la que se implora fervorosamente un favor, y en la que se representan los motivos por los que esperamos ser escuchados; como cuando decimos: «Por tu cruz y pasión, líbranos, Señor...». La acción de gracias es una especie de oración, por la que devolvemos las gracias por los beneficios que hemos recibido, y por la que Santo Tomás dice que merecemos mayores bendiciones. La oración, estrictamente hablando, significa, según Santo Tomás, recurrir a Dios en busca de ayuda, pero, en un sentido más amplio, incluye todas las especies antes mencionadas. En este sentido amplio se emplea la palabra Oración en la continuación de esta pequeña obra.

Para adquirir una alta estima y afecto por este gran medio de salvación, primero debemos reflexionar seriamente sobre su necesidad para la salvación, y su eficacia, cuando va acompañada de las condiciones apropiadas, para obtener de Dios todas las gracias de las que estamos necesitados. Por eso, en la primera parte de este librito, trataré de la necesidad y eficacia de la oración, y de las condiciones necesarias para hacerla eficaz. En la segunda parte se mostrará que la gracia de la oración es dada a todos, y se señalará el modo en que la gracia opera ordinariamente.

Sobre la necesidad
de la oración

LOS PELAGIANOS afirmaban erróneamente que la Oración no es necesaria para obtener la salvación. Pelagio, el impío autor de esa secta herética, sostenía que la condenación de los réprobos debía atribuirse exclusivamente a la negligencia en adquirir el conocimiento de las verdades necesarias para ser creídos. 'Él', dice San Agustín, 'discutió todo tema excepto la Oración', y la oración, como enseñó ese santo padre, en conformidad con la doctrina de Santiago, es el único medio de obtener la ciencia de los santos. Si alguno de vosotros, dice el apóstol, tiene necesidad de sabiduría, que la pida a Dios, que da a todos abundantemente y sin reproche» (Santiago, i. 5).

Las Sagradas Escrituras señalan claramente la necesidad de la oración para la salvación. Debemos», dice el Redentor, "orar siempre y no desmayar" -Lc. xviii 1. "Velad y orad para no caer en tentación" -Mateo xxvi. 41. Pedid y se os dará' -Mateo, vii. 7. La mayoría de los teólogos dicen que las palabras «Debemos», «Velad» y «Pedid» denotan un precepto rígido y la estricta necesidad de orar. Wickliffe, sosteniendo erróneamente que toda buena obra es una oración, afirmaba que estos pasajes no debían entenderse de la oración, sino de la necesidad de las buenas obras. Pero la doctrina de Wickliffe ha sido expresamente condenada por la Iglesia. Así, el sabio Lessius dice que «la necesidad de la oración para los adultos no puede ser negada sin un error contra la fe, porque está claro en las Escrituras que la oración es el único medio por el cual se pueden obtener las ayudas necesarias para la salvación» -Less, de Just. lib. 2. c. 37. 2. c. 37. Dub. 3. n. 9. La necesidad de la oración es evidente, porque sin la ayuda de la gracia divina no podemos realizar ninguna obra buena. Sin mí, dice el Señor, no podéis hacer nada» -Juan, xv. 5. San Agustín observa que Jesucristo no dice: sin mí no podéis realizar nada, sino: sin mí no podéis hacer nada; dándonos así a entender que, sin su ayuda, ni siquiera podemos comenzar una buena obra. San Pablo enseña que, lejos de ser capaces por nosotros mismos de suscitar un deseo, no podemos ni siquiera tener el pensamiento de hacer el bien: «No es que nos bastemos a nosotros mismos para pensar algo, sino que nuestra suficiencia viene de Dios» (2 Corintios III, 5). La misma doctrina se inculca en innumerables otras partes de la Escritura: 'Dios, que todo lo obra en alt'-1 Corintios xii. 6. 'Haré que andéis en mis mandamientos, que guardéis mis juicios y los pongáis por obra'-Ezequiel xxxvi. 27. De ahí que San León afirme que 'El hombre no hace ningún bien que Dios no le ayude a hacer' -San León, en Con. Auris, Canon 20. Y el Concilio de Trento dice: 'Si alguien afirma que sin la inspiración preveniente del Espíritu Santo y su asistencia, el hombre puede creer, esperar, amar o arrepentirse como debe para obtener la gracia de la justificación, que sea anatema' -Sesión 6ª. Can. 3.

El autor de la obra imperfecta (hablando de la creación bruta) dice que, para su protección, el Todopoderoso ha dotado a algunos de ellos de rapidez, a otros de garras y a otros de alas, pero al hombre lo ha hecho así, para que Dios mismo sea su fuerza.-Auctor op. imperf. Hom. 18. Así, pues, habiendo determinado Dios que todo lo que el hombre tiene o puede tener proceda únicamente de la gracia divina, el hombre es absolutamente incapaz de salvar su alma por sus propias fuerzas. Dios, en su providencia ordinaria, de acuerdo con Genadio, da la asistencia de su gracia, sólo a aquellos que oran por ella: «Creemos», dice, «que nadie avanza hacia la salvación, sino por la invitación de Dios, que nadie aunque invitado trabaja su salvación, sino por la asistencia de Dios, y que sólo aquel que ora merece la ayuda de Dios». --Gennad. lib. de Eccl. Dogm. inter opera, San Angus. Siendo, pues, cierto, por una parte, que sin el socorro de lo alto nada podemos, y, por otra, que ese socorro se concede ordinariamente sólo a quien reza, ¿no es evidente que la oración es absolutamente necesaria para la salvación? San Agustín admite que algunas gracias, como la de la vocación a la fe y al arrepentimiento, se conceden sin nuestra cooperación, pero afirma que otras gracias, y especialmente el don de la perseverancia, sólo se conceden a la súplica humilde y ferviente. Dios concede algunos favores sin la oración, como el principio de la fe; otros, como la perseverancia, los ha preparado sólo para los que oran... -S. Aug. lib. de persev. cap. 5. 5. De aquí que la mayor parte de los teólogos, después de San Basilio, San Crisóstomo, San Clemente de Alejandría, San Agustín y otros Padres, sostienen que la oración es necesaria, no sólo porque está mandada, sino también porque, en las dispensaciones ordinarias de la Providencia, sin encomendarse a Dios e implorar las gracias necesarias para la salvación, ningún adulto puede salvarse.

Para entrar en el cielo», dice Santo Tomás, "es necesaria la oración continua después del bautismo; porque aunque todos los pecados son remitidos por ese sacramento, todavía queda la concupiscencia para asaltarnos por dentro, y el mundo y el diablo para atacarnos por fuera:" (Santo Tomás, p. 3, q. 39, a 5.) y para ganar la vida eterna no sólo debemos luchar, sino vencer. Porque también el que lucha -dice el Apóstol- por el dominio, no es coronado si no lucha legítimamente» (2 Timoteo II, 5). Pero sin la ayuda divina, que sólo puede obtenerse mediante la oración, no podremos resistir los asaltos de tantos enemigos poderosos. Por eso, sin la oración, nuestra salvación es imposible.

Que la oración es el único medio ordinario de obtener los dones de Dios, lo enseña más claramente el doctor Angélico en otra parte de sus obras, (Santo Tomás, 2. 2. q. 83., a. 2.) donde dice, que todas las gracias que Dios nos tenía preparadas desde la eternidad, sólo nos serán concedidas con la oración. San Gregorio dice, que 'por la oración los hombres merecen recibir lo que Dios desde la eternidad ordenó concederles' -San Gregorio lib. 1, dial. cap. a «La oración», dice Santo Tomás, «es necesaria, no para dar a conocer nuestras necesidades a Dios todopoderoso, sino para convencernos de nuestra obligación de recurrir a su misericordia en busca de socorro, y así hacer que le reconozcamos como autor de todas nuestras obras». (Y, así como Dios ha ordenado la siembra de las semillas de la tierra y la plantación de la vid como medios indispensables para proporcionar el alimento corporal, así también es su voluntad que podamos obtener, sólo por la oración, las gracias necesarias para el sustento de la vida espiritual y para la salvación eterna. Pedid y se os dará; buscad y hallaréis» (Mateo, vii. 7).

En una palabra, no somos más que pobres mendigos, que no tenemos más que la limosna que Dios, en su misericordia, decide darnos. Pero yo soy -dice el salmista- un mendigo y un pobre» (Salmo xxxix, 18). El Señor, dice San Agustín, desea derramar sus gracias sobre nosotros, pero no a menos que oremos: Dios quiere dar, pero sólo da a quien se lo pide». S. Agustín en el Salmo 100. Pedid», dice Jesucristo, "y se os dará". "Quien no busque", dice Santa Teresa, "no recibirá". Así como la humedad es necesaria para preservar la vida en las plantas, y para sostener su vegetación, 'así,' dice San Crisóstomo, 'la oración es necesaria para la salvación de nuestras almas.' El mismo santo, en otro lugar, observa que «como el alma anima al cuerpo, así la oración sostiene la vida del alma». Como el cuerpo, dice, no puede vivir sin el alma, así el alma sin la oración está muerta y fétida». Crisóstomo, tom. 1. hom. 67. Dice que el alma sin oración despide mal olor ante Dios, porque quien descuida encomendarse a la protección divina, pronto comienza a vestirse con la corrupción del pecado. La oración se llama también el alimento del alma, porque, dice San Agustín, así como el cuerpo no puede sostenerse sin alimento, así la vida del alma no puede conservarse sin la oración. Como la carne -dice el santo doctor- obtiene su alimento de la comida, así el alma se nutre de la oración». Todos estos símiles empleados por los Padres demuestran que consideraban la oración absolutamente necesaria para alcanzar la salvación.

Además, la oración es el arma de defensa más necesaria contra los ataques de nuestros enemigos; quien no la empuña, dice Santo Tomás, está perdido. El santo doctor no dudó en afirmar que Adán cayó porque, al ser tentado, no pidió ayuda a lo alto. Pecó porque no recurrió a la ayuda divina». San Gelasio hizo una afirmación similar con respecto a la caída de los ángeles rebeldes: 'Recibiendo la gracia de Dios en vano, no pudieron perseverar, porque no oraron' -Epis. 5. ad Ep. in Ficano, con. Pelag. San Carlos Borromeo, en una de sus cartas pastorales, (Act. Eccl. Med. pag. 1005,) observa, que entre todos los medios de salvación recomendados por Jesucristo en su evangelio, la oración ha obtenido el primer lugar. Por medio de la oración quiso distinguir la verdadera religión de la religión de todas las sectas falsas, pues de manera especial llamó a su Iglesia la casa de la oración. Mi casa será llamada casa de oración» -Mateo xxi. 13. San Carlos concluye esta carta diciendo que a la oración se debe «el principio, el progreso y la perfección de todas las virtudes». Así, en las tinieblas, miserias y peligros que nos rodean, no podemos tener otro motivo de esperanza que levantar los ojos a Dios e implorar con humilde oración su misericordiosa protección. Pero como no sabemos qué hacer, (dijo el rey Josafat,) sólo podemos volver nuestros ojos a ti... -2 Crónicas xx. 12. El santo David no teniendo otro medio de escapar de las garras devoradoras de sus enemigos, que suplicar continuamente al Señor que lo librara de sus trampas, derramaba constantemente sus súplicas en busca de la ayuda divina. Mis ojos -decía- están siempre puestos en el Señor, pues él sacará mis pies del lazo. Mírame y ten compasión de mí, que estoy solo y pobre' -Salmo xxiv. 15, 16-. Y otra vez: 'A ti clamé, sálvame, para que guarde tus mandamientos' -Salmo cxviii. 146. Como si dijera: vuelve tus ojos, Señor, hacia mí; apiádate de mí y sálvame, pues por mí mismo nada puedo hacer, y salvo tú, no hay nadie que pueda librarme.

¿Y cómo, después de la debilidad y flaqueza que nos acarreó el pecado de Adán, podríamos resistir los violentos asaltos de nuestros enemigos, y observar la ley de Dios, si Dios no hubiera instituido un medio como la oración, de obtener luz y gracia suficientes para cumplir los mandamientos divinos? Lutero afirmaba blasfemamente que la caída de Adán hacía imposible la observancia de la ley divina. Jansenio sostenía que ni siquiera los justos, con las gracias que realmente tienen, pueden observar todos los mandamientos de Dios. Si se hubiera detenido aquí, su proposición podría admitir una explicación favorable; pero fue más lejos y afirmó que los justos no tienen la gracia por la que puedan hacer posible la observancia de todos los preceptos divinos, y por eso su doctrina ha sido justamente condenada. San Agustín dice que, aunque hay algunos de los preceptos divinos que el hombre, a causa de su debilidad, no puede cumplir con la ayuda de la fuerza que realmente posee, o de las gracias que se dan a todos, sin embargo, puede obtener fácilmente por la oración, la asistencia necesaria para su observancia. Dios -dice- no manda imposibilidades, sino que, al mandar, te exhorta a hacer lo que puedes y a pedir lo que no puedes, y te asiste para que puedas hacerlo» -San Agustín de Nat. y gra. c. 44. n. 50. Este célebre pasaje ha sido adoptado por el Concilio de Trento, y confirmada la doctrina en él contenida, como dogma de fe, Sess. 6. c. 11. Inmediatamente después de las palabras precedentes, el santo Doctor pregunta: ¿cómo puede el hombre hacer lo que le es imposible? y responde: que por la oración obtenemos de Dios un remedio para nuestra debilidad, y fuerza para hacer lo que por nosotros mismos no podríamos realizar.

No podemos, continúa el santo, imaginar que Dios nos ha impuesto una ley, cuyo cumplimiento está por encima de nuestras fuerzas; y por eso, haciéndonos sentir que somos incapaces de observar sus preceptos, nos exhorta a hacer lo que es fácil con la ayuda de su gracia ordinaria, y por la oración a obtener ayuda adicional para realizar lo que es difícil. Por nuestra fe, que enseña que Dios no puede mandar imposibilidades, se nos amonesta lo que debemos hacer en las cosas fáciles, y lo que debemos pedir en las difíciles.'-San Agustín de. Nai. § gra. cap. 69. n. 83. Pero ¿por qué, preguntarás, ha impuesto Dios algunos preceptos cuyo cumplimiento no está a nuestro alcance? para que nosotros, responde el santo, tengamos cuidado de procurarnos, por medio de la oración, ayuda para realizar lo que por nosotros mismos no podemos lograr. Él da algunos mandamientos que no podemos cumplir, para enseñarnos lo que debemos pedirle. 16. n. 3. También dice: 'La ley se da para que se busque la gracia; la gracia se da para que se cumpla la ley' -S. Aug. en el salmo 502. Sin la gracia, la observancia de la ley es imposible, y Dios ha dado la ley para enseñarnos la necesidad de implorar constantemente las gracias necesarias para su cumplimiento. En otro lugar dice el santo doctor: 'La ley es buena, si hacemos buen uso de ella'. ¿Cómo hemos de hacer buen uso de ella? Reconociendo nuestra propia enfermedad y buscando la salud por medio de la asistencia divina - S. Aug. ser. 13. de verb, Apos. c. 3. San Agustín enseña, por tanto, que por medio de la ley, cuyo cumplimiento nos es imposible, debemos aprender nuestra incapacidad para observar sus preceptos, y que sintiendo nuestra propia impotencia, debemos buscar continuamente por medio de la humilde oración la fuerza de Dios para sanar nuestra debilidad. Tal es también la doctrina de San Bernardo: «¿Quiénes somos nosotros -dice-, o cuál es nuestra fuerza, para poder resistir tantas tentaciones? Dios ciertamente quiso que nosotros, viendo que somos deficientes, y que fuera de él no hay asistencia para nosotros, recurriéramos, con toda humildad, a su misericordia.-San Ber. term. 5. de Quad.

El Todopoderoso sabe cuánto contribuye la necesidad de la oración al ejercicio de la humildad y de la confianza en su bondad. Por eso permite a menudo que seamos asaltados por enemigos más poderosos que nosotros, para que, recurriendo a su misericordia, obtengamos por la oración la fuerza necesaria para rechazar sus ataques. Debe recordarse especialmente que nadie puede vencer las tentaciones de la carne sin invocar la ayuda divina cuando es tentado. Este temible enemigo, con sus ataques, cubre el alma de tinieblas, destierra el recuerdo de todas sus medicaciones y buenos propósitos, le hace desatender las verdades de la fe y extingue casi todo temor a la venganza divina.

El poder de la carne se ve reforzado por nuestras inclinaciones naturales, que nos arrastran con la mayor violencia a la complacencia de los placeres carnales. San Gregorio de Nisa dice que nuestra única defensa contra esta tentación es la oración. La oración», dice, "es la salvaguardia de la castidad". Salomón dijo: 'Y supe que no podría ser continente de otro modo, si Dios no me lo concedía: Fui al Señor y se lo supliqué... Sabiduría viii. 21. La castidad es una virtud que no podemos practicar sin la ayuda divina, que Dios concede sólo a quienes se la piden. Pero quien reza, la obtendrá infaliblemente. Santo Tomás observa que no debemos decir que es imposible conservar la castidad u observar cualquiera de los preceptos divinos, porque, aunque no podemos cumplir la ley por nuestra propia fuerza, podemos hacerlo con la ayuda de la gracia divina. Hay que decir, dice, que lo que podemos hacer con la ayuda divina no nos es imposible en absoluto» Santo Tomás. 1. 2. q. 109. a.4. ad. 2. No digáis que parece injusto ordenar a un cojo que camine erguido: no, dice San Agustín, tal orden es muy útil para él, cuando, mediante los debidos esfuerzos, puede obtener la curación de su cojera; y si por pereza continúa cojo, es merecedor de censura. Es muy conveniente ordenar a un cojo 'que camine erguido, para que cuando perciba su propia incapacidad, busque un remedio para curar la cojera del pecado'.' S. Aug. de. Perf. just. cap. 3.

En fin, quien no ora como debe, no puede llevar una vida cristiana. Dice San Agustín: «Sabe vivir bien quien sabe rezar bien». San Francisco de Asís dice que sin oración no se puede esperar ningún fruto del alma. Son inexcusables, pues, los pecadores que dicen no tener fuerzas para resistir a las tentaciones. Si, dice Santiago, no tenéis fuerza suficiente, ¿por qué no la pedís? No la tenéis, porque no la pedís» -Santiago, iv. 2. Admite que somos demasiado débiles para rechazar los ataques de nuestros enemigos. Pero es cierto que Dios es fiel, como dice el apóstol, y no permite que seamos tentados más allá de nuestras fuerzas. Fiel es Dios, que no os dejará ser tentados más de lo que podéis resistir, sino que hará también con la tentación la salida, para que podáis soportarla'-1 Corintios x. 13. Él, dice Primasio, exponiendo estas palabras, os capacitará mediante la protección de su gracia para soportar la tentación. Nosotros somos débiles, pero Dios es fuerte; buscando su ayuda obtenemos una participación de su poder, y con su fuerza, según el apóstol, podemos hacer todas las cosas: «Todo lo puedo en aquel que me fortalece» (Filipenses iv. 13). Por eso, dice San Crisóstomo, el que cae no tiene excusa; si hubiera seguido orando, no habría cedido ante el enemigo.-San Crisóstomo, Serm. de Moysi.

Aquí podemos preguntarnos si la intercesión de los santos es necesaria para obtener la asistencia divina. El concilio de Trento definió que es lícito y útil invocar a los santos como intercesores, para que pidan por nosotros, por los méritos de Jesucristo, las gracias que nuestros pecados nos hacen indignos de obtener. La invocación de los santos fue muy injustamente censurada por el impío Calvino. Es lícito y provechoso, según el ejemplo del profeta Barac y de san Pablo, pedirles ayuda en vida y rogarles que nos asistan con sus oraciones: 'Y rogad por nosotros al Señor nuestro Dios' -Barac i. 18. 'Hermanos, rogad por nosotros'. Hermanos, rogad por nosotros"-1 Tesalonicenses v. 25. Dios mismo ordenó a los amigos de Job que rogaran las oraciones de aquel hombre santo, para que por sus méritos obtuvieran favor: 'Id,' dijo, 'a mi siervo Job; y mi siervo Job orará por vosotros: su rostro aceptaré.'-Job, xlii. 8. Si, pues, es lícito encomendarse a las oraciones de los vivos, ¿por qué no habría de estar permitido invocar la intercesión de los santos, que contemplan a Dios cara a cara en el cielo? Como un rey puede ser honrado en sus siervos, así como en su propia persona, así la veneración de los santos no resta, sino que añade, la reverencia debida a Dios. Por esta razón, Santo Tomás recomienda la práctica de buscar la intercesión de muchos de los santos: Porque,' dice, 'a veces se obtiene un favor por las oraciones de muchos, que no se concedería a las oraciones de uno solo.' Santo Tomás, en. 4. Sent. Dis. 45. q. 3. a. 2. ad. 2. Quizá diréis que es inútil invocar a los santos, los cuales, sin ser invocados, interceden por todos los que son dignos de sus oraciones. Santo Tomás responde que quien es indigno de su intercesión, se hace digno de ella rezándoles devotamente. 5.

Se discute la utilidad de invocar las oraciones de las almas del purgatorio. Algunos, apoyándose en la autoridad de Santo Tomás, sostienen que ellas, al requerir ser purificadas por los sufrimientos, no pueden orar por nosotros. Estando, dice, en un estado de purgación y de sufrimiento, son inferiores a nosotros, y por lo tanto no están en estado de orar por nosotros, sino más bien en una condición en la que están en necesidad de nuestras oraciones. Sin embargo, Belarmino, Silvio, Gotti y otros, afirman, con gran probabilidad, que debemos creer piadosamente que, para preservar una comunión caritativa de oraciones recíprocas entre ellos y nosotros, Dios les da a conocer nuestras oraciones. No debemos inferir que, porque no estén en estado de oración, no puedan interceder por nosotros; porque no estar en estado de oración y no poder orar son cosas diferentes. En efecto, como dice Santo Tomás, no están en estado de oración, porque, al estar en estado de sufrimiento, son inferiores a nosotros y tienen gran necesidad de nuestras oraciones. Sin embargo, al ser amigos de Dios, son capaces de orar en nuestro favor. Si un padre tierno, en castigo de alguna falta, encarcela a un hijo amado, ¿no puede el hijo, aunque sea incapaz de obtener su propia liberación, interceder por otros, y no puede esperar confiadamente que un padre afectuoso le conceda prontamente su petición? Así también, el estado de estas benditas almas, a quienes Dios ama tiernamente, y a quienes ha confirmado en gracia, no las hace incapaces de interceder por nosotros. La Iglesia se abstiene de invocar sus oraciones porque su estado no les permite saber que pedimos su ayuda. Pero se cree piadosamente que Dios les comunica nuestros deseos, y ellos, llenos de caridad, seguramente no descuidarán presentar nuestras súplicas ante el trono de Dios. Cuando Santa Catalina de Bolonia tuvo necesidad de alguna gracia, recurrió a las almas del purgatorio, y sus oraciones fueron inmediatamente escuchadas; declaró que, por medio de estas santas almas, le fueron concedidos muchos favores, que ella había buscado por intercesión de los santos, y no había obtenido.

Aquí se me permite hacer una digresión en favor de estos santos sufrientes. Si deseamos la ayuda de su intercesión, es justo que nos esforcemos por procurar la mitigación de sus penas con nuestras oraciones y buenas obras. Sólo digo que es justo ayudarles con nuestras oraciones, pero rezar por ellos debe considerarse como un deber cristiano; porque la caridad nos obliga a aliviar las necesidades de nuestro prójimo, cuando podemos hacerlo sin grandes inconvenientes. Ahora bien, es cierto que entre nuestros prójimos deben contarse las almas del purgatorio, que, aunque ya no están en esta vida, participan de la comunión de los santos, y por tanto deben contarse entre nuestros prójimos. Las almas de los fieles difuntos, dice San Agustín, no están separadas de la Iglesia. 20. de Civ. Dei. cap. 9. 9. Santo Tomás afirma que «la caridad, que es el vínculo de unión entre los miembros de la Iglesia, se extiende no sólo a los vivos, sino también a los que mueren en el Señor». Por lo tanto, puesto que las almas del purgatorio son nuestros prójimos, debemos, según nuestra capacidad, aliviar sus dolores; y puesto que su necesidad excede la de los miembros vivos de la iglesia, parecería que estamos obligados a contribuir a su alivio de una manera más estricta.

Ahora bien, ¿cuáles son las necesidades de estos santos prisioneros? Es cierto que sus dolores son extremadamente intensos. «Los tormentos ardientes», dice San Agustín (San Agustín en el Salmo 37), «que soportan, superan con creces las torturas más atroces que el hombre puede sufrir en esta vida...». Santo Tomás dice que «los condenados son atormentados y los elegidos purificados por el mismo fuego» (St. Thom. in.4. Sent Diet. 21. El dolor, pues, del sentido, sufrido por las almas en el purgatorio, iguala, pero el dolor de la pérdida, o la privación de la gloria de Dios excede con mucho, el de los condenados. Porque, inflamadas por un amor natural y sobrenatural a las perfecciones de Dios, son atraídas hacia Él con tal violencia, que la consideración de ser separadas de Él por sus propias faltas, excita un dolor suficiente para producir, si es posible, la muerte instantánea. San Crisóstomo declara que el dolor de la pérdida, o la privación de Dios, es infinitamente más atroz que el dolor de los sentidos. 'Mil fuegos infernales unidos no causarían tanto dolor como el único dolor de la pérdida'. De ahí que los esposos de Jesucristo detenidos en el purgatorio, prefieran sufrir todos los demás tormentos, antes que sufrir que su anhelada unión con Dios se retrase un solo instante Santo Tomás dice, que los dolores del purgatorio exceden a cualquier dolor de esta vida.-San Thom. in. 4. Sent. Dis. 21. q. 1.a. 1. q. 3. Dionisio el Cartujo relata que cierto hombre resucitado de entre los muertos por San Jerónimo, declaró a San Cirilo de Jerusalén, que en comparación con el menor dolor sufrido en el purgatorio, todos los tormentos soportados en este mundo son delicias; y que, si un hombre experimentara estos dolores, en lugar de sufrir el más pequeño de ellos, se sometería a todas las miserias que la raza humana sufrirá hasta el día del juicio-Dionisio. Char. Noviss. I. 4. p. 3. a. 19. De ahí que San Cirilo diga que las penas del purgatorio y las del infierno son igualmente agudas; que sólo difieren en cuanto a su duración. Los sufrimientos, pues, de estas almas santas son excesivos; son incapaces de aliviarse a sí mismas; el santo Job dice que están «encadenadas y atadas con los cordones de la pobreza». Job, xxxvi. 8. Estas santas reinas están destinadas a un reino, pero no se les permite tomar posesión de él, hasta después del término de su purgación. Sus cadenas no pueden ser soltadas hasta que la justicia divina esté plenamente satisfecha. Incluso los teólogos que afirman que las almas del purgatorio pueden obtener algún alivio con sus propias oraciones, admiten que no pueden merecer una remisión completa de su castigo.

Un monje cisterciense que estaba en el purgatorio, dijo al Sacristán de su monasterio: 'Ayúdame, te lo suplico, con tus oraciones, porque de mí mismo no puedo obtener nada.-Istor. dell. Ord. Cist. Esto se ajusta a la doctrina de San Buenaventura: 'La pobreza', dice, 'de un mendigo lo hace incapaz de pagar sus deudas'. San Bona. Serm. de Morte. Y tal es la indigencia de estas almas sufrientes, que no tienen medios de satisfacer la justicia de Dios.

Es de fe que podemos ayudarlas con nuestros sufragios, y particularmente con las oraciones recomendadas y usadas por la iglesia para su liberación. Por mi parte, no puedo concebir cómo un cristiano puede ser excusado de pecado, que no hace ningún esfuerzo para aliviarlos, incluso por sus oraciones. Esforcémonos, pues, en ayudarles, si no por sentido del deber, al menos por la consideración de la satisfacción que proporcionará a Jesucristo vernos procurar liberar de la prisión a sus propias amadas esposas, y obtener su admisión en su reino; o por la consideración del tesoro de méritos que adquiriremos practicando tan gran acto de caridad hacia estas benditas almas. Recordad que ellas son sumamente agradecidas; conocen el gran beneficio que les conferimos, cuando con nuestras oraciones procuramos la mitigación de sus penas, y el anticipo de su admisión en la gloria; y tan pronto como tomen posesión del reino de Dios, seguramente no dejarán de rezar por nosotros. Si el Señor promete misericordia a los misericordiosos («Bienaventurados los misericordiosos, porque ellos alcanzarán misericordia», San Mateo, v. 7), quien se esfuerza por aliviar los sufrimientos de almas tan gravemente afligidas y tan queridas por Dios debe tener motivos sólidos para esperar la salvación. Jonatán, después de haber salvado a los hebreos de la ruina por la victoria que obtuvo sobre sus enemigos, fue condenado a muerte por haber violado el mandato de su padre, probando un poco de miel; pero el pueblo fue a Saúl y le dijo: '¿Ha de morir, pues, Jonatán, que ha realizado esta gran salvación en Israel? No debe ser así: Vive el Señor, que ni un cabello de su cabeza caerá a tierra. Así que el pueblo entregó a Jonatán para que no muriera'-1 Reyes, xiv. 45. De la misma manera podemos esperar que, si alguno de nosotros obtiene por sus oraciones la liberación de un alma del Purgatorio y su admisión en el Paraíso, esa alma se presentará en su nombre ante la faz de Dios, diciendo: Señor no permitas que se pierda el hombre que me ha librado del dolor y la agonía. Y si Saulo perdonó la vida a Jonatán a petición del pueblo, seguramente Dios no negará la salvación eterna a un cristiano, por cuya felicidad inmortal se ofrecen las súplicas de un alma que es esposa de Jesucristo. Además, San Agustín dice que aquellos que en esta vida contribuyen más al alivio de los fieles difuntos, durante su propio purgatorio, por dispensación de la Providencia, recibirán el mayor socorro de las oraciones de la Iglesia militante. Puedo observar aquí que es un gran consuelo para las almas del purgatorio oír misa por su descanso y, durante el santo sacrificio, encomendarlas a Dios por los méritos de la pasión de Jesucristo, diciendo: «Padre eterno, te ofrezco este sacrificio del cuerpo y la sangre de Jesucristo, junto con todos los dolores que sufrió en su vida y muerte; y por los méritos de su pasión, te encomiendo a todas las almas del purgatorio, y especialmente a N. N.». N.' Es un acto de caridad muy grande rezar, al mismo tiempo, por las almas que están en su última agonía.

Cualesquiera que sean las dudas que puedan abrigarse sobre la utilidad de encomendarnos a las oraciones de las almas del Purgatorio, o sobre su capacidad para interceder por nosotros, no puede ponerse en duda que la invocación de los santos canonizados por la Iglesia, y en el goce de la gloria eterna, es utilísima, St. Buenaventura, Belarmino y otros sostienen que sería herejía no creer en la infalibilidad de la Iglesia en la canonización de los santos; y todos los católicos estarán de acuerdo con Suares, Azorio y Gotti en que proponer tal incredulidad sería, al menos, una aproximación muy cercana a la doctrina herética. Pues, como enseña Santo Tomás, el soberano pontífice, al proponer santos a la veneración de los fieles, se guía por la infalible influencia del Espíritu Santo-St. Thomas, quod lib, 9. art. 16, ad. 1.

Volvamos ahora a una cuestión propuesta anteriormente, a saber, si es obligatorio para los cristianos invocar la intercesión de los santos. Sin pretender dar una respuesta decisiva sobre este punto, expondré brevemente la doctrina de Santo Tomás. En primer lugar, en muchos de los pasajes ya citados, y particularmente en el libro de las sentencias, supone, constata, que todos los cristianos están obligados a orar, porque, según afirma, sólo por la oración pueden obtener las gracias necesarias para la salvación. Cada persona», dice, "está obligada a orar, porque es su deber procurarse los bienes espirituales, que sólo se dan desde lo alto, y por tanto no pueden obtenerse de otro modo que pidiéndolos a Dios" -Santo Tomás en 4 sent. dis. 15. q. 4. En otro pasaje del mismo libro, el doctor angélico pregunta: «Si debemos rogar a los santos para que intercedan por nosotros». Y responde: «El orden ha sido instituido por Dios, según Dionisio, para que las cosas remotas sean llevadas a Dios por las intermedias. Así pues, puesto que los santos del cielo están muy cerca de Dios, el orden de la ley divina exige que nosotros, que permaneciendo en el cuerpo estamos ausentes del Señor, seamos llevados a él por su mediación, lo cual, en efecto, sucede cuando la Bondad divina difunde sus efectos a través de los santos. Y, puesto que nuestro retorno a Dios debe corresponder a la procesión de sus beneficios; porque, además, los beneficios de Dios fluyen hacia nosotros a través de los sufragios de los santos, es necesario que seamos llevados de nuevo por los santos a Dios, para participar frecuentemente, a través de su mediación, de sus favores. De ahí que los constituyamos nuestros intercesores ante Dios, y como mediadores,

cuando les pedimos que oren por nosotros.'-In. 4 sen. dist 45. q. 3.
Obsérvense las palabras: «El orden de la ley divina exige que, así como
los beneficios de Dios fluyen hacia nosotros a través de los sufragios de
los santos, así también debemos ser llevados a Dios por sus oraciones,
para que, a través de su mediación, podamos recibir frecuentemente
sus beneficios». Por tanto, según Santo Tomás, el orden de la ley
divina exige que nosotros, que recibimos por la mediación de los
santos los auxilios necesarios para la salvación, seamos salvados por
su intercesión. A los que objetan que, siendo Dios infinitamente
más misericordioso y más dispuesto a escuchar nuestras oraciones
de lo que pueden serlo los santos, es superfluo invocar su asistencia,
Santo Tomás responde que Dios ha ordenado la intercesión de los
santos como medio de salvación, no a causa de ningún defecto de
la misericordia divina, sino para preservar el orden universalmente
establecido de operar por medio de causas secundarias.

En conformidad con esta doctrina de Santo Tomás, el Continuador
de Tournely y Sylvius dicen, que aunque sólo Dios debe ser invocado
como el autor de la gracia, sin embargo, para observar el orden
establecido por la Providencia para el logro de la salvación, estamos
obligados a recurrir a la intercesión de los santos. El orden de la
divina Providencia es que las personas de rango inferior se salven
implorando la ayuda de quienes gozan de una dignidad superior.
Estamos obligados, dice el Continuador de Tournely, a observar el
orden que Dios ha instituido: ahora bien, Dios ha ordenado que los
inferiores obtengan la salvación suplicando la ayuda de los superiores»
-Con. Tournel. tom. 1. de Reli. cap. 2. de ora. ar. 4. q. 1. cum Sylvio.

Y si, para preservar el orden establecido por Dios, es un deber
buscar la intercesión de los santos, cuánto más estrictamente estamos
obligados a invocar la ayuda de la divina madre, cuya intercesión es
ciertamente más eficaz de lo que sería, sin la suya, la intercesión de

toda la hueste celestial. En efecto, Santo Tomás dice que cada uno de los santos, en proporción a sus méritos, puede salvar a muchos, pero que Jesucristo y su bendita madre han merecido gracia suficiente para salvar a todos los hombres. 8. «Por ti -dice san Bernardo hablando de María-, inventora de la gracia y madre de la salvación, tenemos acceso a tu Hijo, para que él, que por ti nos fue dado, por ti nos reciba». Como si dijera: así como sólo tenemos acceso al Padre por medio del Hijo, que es mediador de justicia, así también podemos acercarnos al Hijo, sólo por medio de la Madre, que es mediadora de gracia, y que por su intercesión, nos obtiene las gracias que Jesucristo ha merecido. El mismo santo, en otro lugar, observa que María ha recibido de Dios una doble plenitud de gracia. La primera, la Encarnación del Verbo divino hecho Carne en su sagrado seno. La segunda, la plenitud de las gracias que, por su intercesión, recibimos de Dios. Y añade: «Dios ha puesto en María la plenitud de todos los bienes, de modo que cualquier esperanza, gracia o salvación que tengamos, todo procede de Ella, que subió rebosante de delicias. Ella es un jardín delicioso, cuyos dulces olores, es decir, los dones de la gracia, se difunden abundantemente en todas direcciones' -San Ber. Serm. de Aqueduct. Así pues, todo lo que recibimos del Señor, nos lo procura la intercesión de María. ¿Por qué? Porque, dice San Bernardo, es la voluntad de Aquel que ha decretado que lo tengamos todo por María». Pero una razón más fuerte se desprende de los escritos de San Agustín, quien dice que María es justamente llamada madre de los fieles, los miembros del Salvador, porque por su caridad ha cooperado al nacimiento espiritual de los miembros de la cabeza, Cristo Jesús. 3. de Symb. Cat. cap. 4. Así como María ha cooperado con su caridad a nuestra regeneración espiritual, así también Dios ha querido que ella coopere con nosotros, por su intercesión, a obtener la vida de la gracia en este mundo y la vida de la gloria en el otro.

Por eso, puesto que las oraciones de la divina Madre son escuchadas infaliblemente por su Hijo, San Bernardo nos exhorta enérgicamente a la invocación constante de María. Ser. de Aquoed, «Recurrid, dice, a María; el Hijo oirá ciertamente a la madre». Y después añade: «Hijitos míos, ella es la escalera de los pecadores; ella es mi mayor confianza y el fundamento de mi esperanza». El santo la llama «la escalera de los pecadores», porque, como el tercer peldaño sólo se alcanza por medio del segundo, y el segundo, por medio del primero, así nosotros sólo podemos ascender al Padre por medio del Hijo, y al Hijo sólo por medio de María. Luego la llama «su mayor seguridad y el fundamento de su esperanza», porque (como él supone) Dios desea que todas las gracias que dispensa pasen por las manos de María. Concluye diciendo que, puesto que María obtiene todo lo que pide, y puesto que sus oraciones nunca pueden ser rechazadas, debemos buscar, a través de su intercesión, todas las gracias de las que tengamos necesidad. Busquemos la gracia -dice- y busquémosla por medio de María; lo que ella pide, lo recibe y no puede ser rechazado». La doctrina de San Bernardo es conforme a la de San Efrén, San Ildefonso, San Germán y muchos otros distinguidos por su santidad y erudición. No tenemos otra seguridad», dice San Efrén, "que de ti, oh Virgen sincerísima". La Majestad suprema», dice San Ildefonsus, »decretó confiar a tus manos, oh María, todos los favores que decidió conceder a la humanidad. Porque a ti se te confían los tesoros y ornamentos de las gracias'. Si nos abandonas, dice san Germán, ¿qué será de nosotros, vida de cristianos? San Pedro Damián se dirige así a María: «En tus manos están todos los tesoros de las misericordias de Dios». San Antonino declara que 'quien pide, sin ella, intenta volar sin alas.' San Bernardino de Siena la saluda así: «Dispensadora de todas las gracias, en tu mano está nuestra salvación». En otro lugar, afirma que no sólo todas las gracias nos son transmitidas por María, sino que, al ser hecha Madre de Dios, adquirió una cierta jurisdicción sobre todas las gracias que se distribuyen entre los cristianos. Las gracias vitales de Cristo», dice, "son transfundidas a través de la Virgen a su cuerpo místico por la cabeza, Cristo Jesús...". Tan pronto como la Virgen Madre concibió en su seno al Verbo Divino, obtuvo (si se me permite la expresión) cierta jurisdicción sobre todos los dones del Espíritu Santo, de modo que ninguna criatura ha obtenido gracia alguna de Dios, a no ser según la dispensación de su piadosa Madre. Por tanto, todos los dones, virtudes y gracias son dispensados a quien Él quiere, por las manos de María. San Buenaventura dice: 'Puesto que toda la naturaleza divina existió dentro del vientre de la Virgen, no dudo en afirmar que esta Virgen, de cuyo vientre, como del océano de la divinidad, emanan todos los tesoros de la gracia, tiene cierta jurisdicción sobre todas las efusiones de la gracia.' De ahí, pues, que muchos teólogos, apoyándose en la autoridad de estos santos, hayan sostenido piadosa y justamente la opinión de que no se concede al hombre ninguna gracia que no le sea dada por medio de las oraciones de María. Esta doctrina es enseñada por Vega, Mendoza, Paciuchelli, Segneri, Poire, Crasset, Natalis, Alexander, y muchos otros. Dios», dice Natalis Alexander, "quiere que esperemos obtener de Él todas las gracias por la poderosísima intercesión de su Virgen Madre, siempre que la invoquemos como debemos". Y en confirmación de su opinión aduce el pasaje de San Bernardo antes citado: "Así lo quiere Él, que ordenó que lo tuviéramos todo por María". El padre Contensonius, a propósito de las palabras 'He aquí a tu Madre', dirigidas por Jesucristo desde la cruz a San Juan, comenta así: Como si dijera: nadie participará de mi sangre si no es por intercesión de mi madre. Mis llagas son las fuentes de la gracia, pero los arroyos no fluirán a nadie, sino a través de María; Oh mi discípulo Juan, serás amado por mí, en la medida en que la hayas amado a ella.'-Contens. Theol. Mentis et Cord. to.

2. l. 10. d.4. cap. 1. Si a Dios le complacen nuestras oraciones a los santos, ¿no le complacerán mucho más nuestras súplicas a María, para suplir, como dice San Anselmo, nuestra deficiencia con sus méritos? Para que la dignidad del intercesor supla nuestra pobreza. De ahí que la invocación a la Virgen no proceda de la desconfianza en la misericordia divina, sino del sentido de nuestra propia indignidad» - S. Ans. de Excel Virg. cap. 6. 6. Santo Tomás atribuye a María una dignidad casi infinita: «Porque -dice- es la Madre de Dios, tiene una cierta dignidad infinita»- Santo Tomás 1 par. q. 25. a. 6. ad. 4. Por lo tanto, se puede afirmar con justicia que la intercesión de María es más poderosa ante Dios que las oraciones del resto de la corte celestial.

Termino este primer punto concluyendo de lo dicho que quien reza se salvará infaliblemente, y que quien no reza se perderá inevitablemente. Todos los elegidos (excepto los infantes) se salvan por la oración. Todos los réprobos se pierden por negligencia en la oración; si rezaran, no se perderían. Su mayor fuente de desesperación en el infierno es, y será por toda la eternidad, que tuvieron en su poder salvar sus almas con tanta facilidad mediante la oración humilde, y que ahora el tiempo de la súplica se ha ido para siempre.

Sobre la eficacia de la oración

Tan queridas son nuestras oraciones a Dios, que ha destinado a sus ángeles para que se las presenten tan pronto como son ofrecidas. Los ángeles -dice San Hilario- presiden las oraciones de los fieles y las ofrecen diariamente a Dios». Las oraciones de los santos son ese humo sagrado de incienso que San Juan vio ascender ante el Señor de manos de los ángeles.-Apocalipsis. viii. El mismo apóstol, en el quinto capítulo del Apocalipsis, compara las oraciones de los santos con frascos de oro llenos de olores, que son sumamente dulces y agradables a Dios. Pero, para convencerse de la eficacia de la oración ante Dios, basta leer las innumerables promesas que Él ha hecho, tanto en el Antiguo como en el Nuevo Testamento, a todos los que invocan su ayuda. Invócame y te oiré» -Job. Invócame en el día de la angustia y te libraré' -Salmo xlix. 15. Pedid y se os dará; buscad y hallaréis; llamad y se os abrirá' -Mateo vii. 7. Cuánto más vuestro Padre, que está en los cielos, dará cosas buenas a los que las pidan' -Mateo vii. 11. Porque todo el que pide, recibe; y el que busca, halla' -Luc. xi. 10. Todo lo que pidan les será hecho por mi Padre"-Mateo xviii. 19. Todo lo que pidiereis orando, creed que lo recibiréis, y os vendrá' -Marcos xi. 24. Si pedís algo en mi nombre, yo lo haré' -Juan xiv. 14. Pedid todo lo que queráis, y os será hecho' -Juan xv. 7. En verdad, en verdad os digo: si pedís algo al Padre en mi nombre, él os lo dará» (Jn. xvi. 28). Podrían citarse mil pasajes semejantes, que, en aras de la brevedad, omito.

Dios desea ardientemente nuestra salvación, pero para nuestro mayor bien, desea que seamos salvados por nuestras victorias. Mientras estemos en esta tierra debemos vivir en continua guerra, y para salvarnos, debemos luchar y vencer. Nadie», dice San Crisóstomo, "puede ser coronado sin la victoria" - St. Chry. Ser. 1. de Mari. Somos muy débiles; nuestros enemigos son numerosos y sumamente poderosos; ¿cómo podremos combatirlos y vencerlos? Que cada uno anime su valor dirigiéndose a sí mismo las palabras del apóstol: «Todo lo puedo en Aquel que me fortalece». Todo lo podemos por la oración, que nos procurará de Dios la fuerza que no poseemos. Teodoreto dice que la oración es omnipotente; es una, pero lo puede todo: «Oratio am git uno, amnia potest». San Buenaventura enseña que «por la oración se obtiene la posesión de todo bien y la liberación de todo mal». San Lorenzo Justiniano dice que mediante la práctica de la oración podemos construir una ciudadela inexpugnable, en la que estaremos protegidos con seguridad contra todas las asechanzas y violencias del enemigo. Lau. Just. de Casto, connub. Cap. 22. Los poderes del infierno son fuertes, pero, dice San Bernardo, la oración es mucho más fuerte. La oración», dice, "es más poderosa que todos los demonios", porque mediante la oración el alma obtiene la asistencia divina, que es infinitamente superior a todo poder creado. Esto fue lo que animó a David en todos sus temores y peligros. Alabando -decía- invocaré al Señor, y seré salvo de mis enemigos» (Salmo xvii, 4). 4. 'La oración', dice San Crisóstomo, 'es una gran armadura, una fuerte defensa, un puerto seguro, un tesoro inagotable' - San Crisóstomo en el Salmo cxlv. La oración es una armadura capaz de resistir todos los asaltos del demonio; es una defensa que nos preserva en todo peligro, un puerto que nos salva en toda tempestad, y un tesoro que nos abastece de todo bien.

Sabiendo Dios las grandes ventajas que se derivan de la necesidad de la oración, permite que el enemigo nos asalte, para que busquemos la ayuda que nos ofrece y promete. Pero el descuido de la oración es tan desagradable a Dios, como la invocación de su nombre en el momento de peligro, es aceptable a sus ojos. Como, dice San Buenaventura, un rey considera infiel a un general que, asediado por el enemigo, no pide ayuda, así Dios considera traidores a los cristianos que, acosados por las tentaciones, no acuden a él en busca de auxilio. Porque Él desea socorrerlos abundantemente, y sólo espera que le pidan apoyo. La voluntad de Dios todopoderoso de concedernos la protección que necesitamos se puso de manifiesto de manera sorprendente en su conducta hacia el infiel Achaz. Le dijo al rey, por boca del profeta Isaías, que pidiera una señal de la disposición y el afán del Señor por acudir en su ayuda. Pídele una señal al Señor tu Dios' -Isaías vii. 11. Confiando en sus propias fuerzas y esperando vencer al enemigo sin la ayuda divina, el rey impío respondió: 'No pediré ni tentaré al Señor' (Isaías, vii. 12). Pero para mostrar cuánto se ofende Dios por la negligencia de los que no piden las gracias que él ofrece, el profeta exclamó: 'Oíd, pues, casa de David: ¿es poco que os aflijáis a los hombres, que os aflijáis también a mi Dios?'-Isaías vii. 13.

Venid a mí todos los que estáis fatigados y cargados, y yo os aliviaré' -Mateo xi 28. Mis queridos hijos, dice el Redentor, no perdáis el valor, cuando os asalten vuestros enemigos y os oprima el peso de vuestros pecados, recurrid a mí mediante la oración, y yo os daré fuerzas para resistir sus ataques y repararé todas vuestras pérdidas. En otro lugar, dice por boca de Isaías: 'Venid y acusadme, dice el Señor: si vuestros pecados fueren como la grana, como la nieve serán emblanquecidos' -Isaías, i. 18. Oh hijos de los hombres, dice, recurrid a mí; por muy cargada que esté vuestra conciencia, no dejéis de suplicar mi misericordia: si después de haberme invocado no os concedo mi gracia y os hago blancos como la nieve, me someteré pacientemente a vuestros reproches. ¿Qué es la oración? La oración, dice San Crisóstomo, es un ancla para los que son sacudidos por la tempestad, es el tesoro de los pobres, el remedio de la enfermedad y la salvaguardia de la salud» -San Crisóstomo. Hom. 31. ad. Pop. An. En tiempo de tempestad, la oración es un ancla segura; en la pobreza, un tesoro inagotable de riquezas; en la enfermedad, un remedio eficacísimo; y en la salud, un conservador infalible. ¿Cuál es el efecto de la oración? Apacigua a Dios», dice San Lorenzo Justiniano, "obtiene lo que se le pide, somete a los adversarios, cambia a los hombres" -San Lorenzo. Just, de. Perf. cap. 12. La oración aplaca la ira de Dios, que perdona inmediatamente a todos los que piden humildemente perdón; obtiene todas las gracias que se piden; vence todas las fuerzas del enemigo; y cambia a los hombres, dando luz a los ciegos, fuerza a los débiles y santidad a los pecadores. Si alguien tiene necesidad de luz, que se la pida a Dios, y le será concedida. En cuanto recurrí a Dios, dice Salomón, me concedió la sabiduría. Invoqué al Señor, y vino sobre mí el espíritu de la sabiduría» -Sabiduría vii. 7. Si alguno es débil, que pida fuerzas, y le serán dadas. Tan pronto como abrí mi boca para orar, dice el santo David, obtuve socorro de Dios. Abrí mi boca y jadeé' -Ps. cxviii. 131. Y cómo pudieron los santos mártires resistir la persecución de los tiranos sino por la oración, que les daba fuerzas para vencer los tormentos y la muerte.

Quien -dice San Crisóstomo- practica la oración, no teme a la muerte, abandona la tierra, entra en el cielo y vive con Dios» -San Crisóstomo. Ser.43. No peca y, despojado de todo afecto terrenal, comienza a morar en el cielo y a gozar de la conversación de Dios. ¿Por qué, pues, ha de turbarse tal persona por vanas aprensiones de que su nombre no sea inscrito en el libro de la vida, de que Dios no le conceda gracias eficaces o el don de la perseverancia final? No os afanéis por nada, dice San Pablo, sino sean conocidas vuestras peticiones delante de Dios en toda oración y ruego, con acción de gracias"-Filipenses iv. 6. No os dejéis agitar por temores infundados; desterrad toda inquietud y solicitud, que sólo disminuyen la confianza y aumentan la tibieza y la pereza en la obra de la salvación. Orad siempre, haced que vuestras oraciones sean agradables a Dios, dadle gracias continuamente por sus promesas de conceder a vuestras oraciones gracias eficaces, perseverancia, salvación y cuanto os sea necesario. El Señor nos ha puesto en orden de batalla para hacer frente a enemigos poderosos; pero Él es fiel a sus promesas y no permitirá que sus ataques superen nuestras fuerzas. Fiel es Dios, que no os dejará ser tentados más de lo que podéis» (1 Corintios x 13). Él es fiel y socorre al instante a todos los que le invocan. El docto cardenal Gotti afirma que «cuando en nuestras tentaciones recurrimos a la protección divina, Dios está obligado a concedernos la fuerza, con la cual podemos resistir y resistiremos realmente; porque todo lo podemos en Aquel que nos fortalece por la gracia, siempre que lo pidamos con humildad» -Gotti, Theol. tom. 2. de grot, tract. 6. q. 2. § 3 n.30. Siendo capaces de procurarnos por la humilde oración la ayuda divina, que nos capacitará para todo, somos inexcusables si cedemos a la tentación. Es culpa nuestra si somos vencidos: nuestras derrotas son el resultado del descuido de la oración. Con la oración podríamos rechazar todos los ataques del enemigo. Por la oración -dice San Agustín- se ponen en fuga todos los males» -San Agustín Ser. de Orat.

San Bernardino de Siena dice que la oración es un embajador fidelísimo, bien conocido del Rey del cielo, acostumbrado a entrar en su aposento y, con su importunidad, inclinar su piadosa voluntad a concedernos toda clase de ayuda a nosotros, miserables pecadores, que gemimos entre combates y bajo el peso de nuestras miserias en este valle de lágrimas. Serm. in Dom. 3. Isaías nos asegura que, en cuanto el Señor escucha nuestras oraciones, se compadece de nosotros; que no deja que nuestras penas se prolonguen, sino que nos concede al instante lo que le pedimos. No llorarás; ciertamente se compadecerá de ti; a la voz de tu clamor, tan pronto como te oiga, te responderá.'-Isaías xxx. 19. El Señor se queja de su pueblo por medio del profeta Jeremías, diciendo: '¿Me he convertido en un desierto para Israel, o en una tierra que brota tardíamente? ¿Por qué, pues, ha dicho mi pueblo: Nos hemos rebelado, y no vendremos más a ti?-Jeremías ii. 31. ¿Por qué, dice el Señor, decís que no recurriréis más a mí? ¿Es mi misericordia una tierra estéril, que no puede producir frutos de gracia en vuestro favor, o una tierra que da su fruto demasiado tarde? Tal es el lenguaje tierno y conmovedor con el que nuestro amoroso Señor representa su atención inmediata e incesante a nuestras súplicas, y con el que reprende duramente la tibieza de aquellos que, por desconfianza de ser escuchados, abandonan la oración.

Que una vez al mes se nos permitiera presentar nuestras súplicas ante el trono de Dios, sería un gran favor. Los monarcas terrenales rara vez conceden audiencia a sus súbditos; pero Dios está dispuesto en todo momento a escuchar las peticiones de sus siervos. San Crisóstomo dice que «Dios está siempre dispuesto a escuchar nuestras oraciones, y que una petición que se le presenta, acompañada de las condiciones necesarias, nunca deja de alcanzar su objeto». En otro lugar dice que lo que pedimos se obtiene antes de concluir nuestras oraciones. Hom. 52. en Matt. Esto lo confirma la propia promesa de Dios: «Mientras estén hablando, yo los oiré» (Isaías lxv. 24). El Señor, dice David, está cerca de todos los que le rezan, y dispuesto a consolarlos, favorecerlos y salvarlos. 'El Señor está cerca de todos los que le invocan, de todos los que le invocan de verdad; hará la voluntad

de los que le temen, oirá su oración y los salvará' -Salmo cxliv. 19.
Moisés se gloriaba del privilegio de tener acceso constante al Señor.
Tampoco hay otra nación tan grande que tenga a Dios tan cerca,
como nuestro Dios, que está presente a todas nuestras peticiones»
(Deuteronomio iv.7). Los dioses de los gentiles, que eran criaturas
miserables e impotentes, desatendían las oraciones de sus fieles; pero
el Dios de Israel, que es omnipotente, no es indiferente a nuestros
clamores, sino que está cerca de nosotros y dispuesto a concedernos
todas las gracias que le pedimos. En cualquier día -dice el salmista- que
te invoque, he aquí que sé que tú eres mi Dios» (Salmo Iv. 11). Como
si dijera. Señor, en esto sé que eres para mí un Dios de bondad y de
misericordia, que siempre que recurra a ti, obtendré alivio inmediato.

Ciertamente somos pobres, pero mediante la oración nuestras
necesidades pueden ser rápidamente suplidas. Si nosotros somos
pobres, Dios es rico y generoso con todos los que invocan su ayuda. Es
rico -dice San Pablo- para con todos los que le invocan» (Romanos x.
12). Puesto que nuestras súplicas se dirigen a un Dios de infinito poder
y de infinitas riquezas, no pidamos bagatelas, sino favores valiosos
e importantes. Si pides al omnipotente, dice san Agustín, pide algo
grande y magnífico. El que pide al rey una bagatela, echa en cara su
poder y generosidad, y deshonra su majestad. Pero honramos a Dios,
adoramos su misericordia y liberalidad, cuando, a pesar de nuestra
miseria y de nuestra indignidad para recibir de Él cualquier favor,
pedimos sus gracias con confianza en su bondad y en la fidelidad de
sus promesas de conceder lo que se pida en nombre de Jesucristo.
Pedid todo lo que queráis, y se os hará» -Juan xv. 7. Santa María
Magdalena de Pazzi dice que Dios se siente honrado y consolado, e
incluso agradecido, cuando pedimos sus gracias; porque, al rezarle,
le damos la oportunidad de derramar sus beneficios y manifestar su
generosidad, que le impulsa a conceder sus favores a todos. Podemos

estar persuadidos de que siempre concede más de lo que pedimos. Pero si alguno -dice Santiago- quiere sabiduría, que se la pida a Dios, que da a todos abundantemente y sin reproche» (Santiago, i. 5). Santiago habla de esta manera para indicar que Dios, como el hombre, no dispensa sus favores con parsimonia. Las riquezas humanas, siendo finitas, disminuyen con cada contribución a los pobres; y por eso los hombres, por opulentos, compasivos y liberales que sean, son siempre parcos en sus limosnas, y rara vez conceden la oración completa de sus peticionarios. Pero como los tesoros de Dios son infinitos, cuanto más da, más tiene todavía para dar; y por eso distribuye sus gracias con mano liberal, concediendo siempre más de lo que se pide. Porque tú, Señor, eres dulce y benigno, y generoso con todos los que te invocan' -Salmo lxxxv. 5. Tú, oh Dios mío, dijo el santo David, eres dulce y generoso sin medida con todos los que te invocan; las superabundantes misericordias que derramas sobre tus siervos, exceden con mucho sus demandas.

Estando, pues, seguros de que la oración abre todos los tesoros del cielo, debemos tener cuidado de orar con ilimitada confianza. Atendamos a esto», dice San Crisóstomo, "y nos abriremos el cielo a nosotros mismos". La oración es un tesoro del que cada uno obtiene ventajas en proporción a la frecuencia y fervor de sus súplicas. San Buenaventura dice que un cristiano, tan a menudo como recurre a Dios mediante la oración ferviente, obtiene gracias que son más valiosas que el mundo entero.-San Bon. en Luc. 18. Hay almas fervorosas que dedican mucho tiempo a la lectura y a la meditación, pero muy poco a la oración. La lectura espiritual y la meditación son ciertamente muy provechosas; pero San Agustín dice que la oración es mucho más beneficiosa para el alma. La lectura espiritual y la meditación nos enseñan nuestras obligaciones, pero la oración nos obtiene la gracia para cumplirlas. La oración -dice San Agustín- es mejor que la lectura; con la lectura aprendemos lo que debemos hacer, con la oración recibimos lo que pedimos» -San Agustín en Sal. lxxv. Conocer nuestros deberes y no cumplirlos sólo nos hace más culpables ante Dios. Aunque nuestras lecturas y meditaciones espirituales sean muy largas y frecuentes, nunca cumpliremos nuestros deberes, a menos que pidamos la ayuda de Dios para cumplirlos.

Por eso, observa San Isidoro, el demonio nunca es tan vigoroso en sus esfuerzos por sugerir a nuestras mentes pensamientos mundanos, como cuando estamos empleados en buscar la gracia de Dios por medio de la santa oración. ¿Y por qué? Porque el enemigo ve que por la oración procuramos los más selectos dones del cielo. La principal ventaja de la meditación es que nos estimula a pedir a Dios las gracias necesarias para la perseverancia y la salvación eterna. De ahí que la razón principal de la necesidad moral de la oración mental para conservar la vida de la gracia sea que quien no recuerda por la meditación su obligación de rogar por la ayuda necesaria para la perseverancia y la vida eterna, nunca lo recordará: a menos que medite, nunca pensará en la necesidad de buscar ayuda de lo alto y, por tanto, nunca la pedirá. Pero el que medita todos los días, percibe sus propias necesidades; ve los peligros que le acechan, y la absoluta necesidad de la oración para salvar su alma. Las luces recibidas en la meditación le enseñan a orar, y por la oración obtendrá la gracia, que le asegurará la perseverancia y la salvación. El Padre Segneri decía que al principio de su oración mental, que era larga y frecuente, acostumbraba a dirigir sus esfuerzos más a la excitación de piadosos afectos que a la humilde súplica; pero convencido en el curso de sus reflexiones, de la necesidad e inmensas, ventajas de la oración, dedicaba entonces generalmente el resto de su meditación a la súplica ferviente de la misericordia de Dios.

Lloraré como una golondrina» (Isaías xxxviii. 14), dijo el devoto rey Ezequías. Así como la joven golondrina llora continuamente a su madre pidiendo ayuda y alimento, así nuestras oraciones y lágrimas, si deseamos conservar la vida de la gracia, deben ser constantemente derramadas a Dios para que nos proteja contra la muerte del pecado y nos ayude a avanzar en su santo amor. Cuenta el Padre Rodríguez que los antiguos Padres, consultados los primeros maestros espirituales, llegaron a la conclusión de que el mejor y más indispensable medio de salvación consistía en la repetición frecuente de la breve oración del santo David. Inclínate a mi auxilio, oh Dios,' Con ellos concuerda Casiano; dice que quienquiera que desee salvarse; debe ocuparse continuamente en recitar la siguiente oración: Ayúdame, Dios mío; ayúdame, Dios mío. Debemos comenzar el día recitando esa oración en cuanto nos despertamos; debemos repetirla en todas nuestras necesidades, en todas nuestras ocupaciones, tanto espirituales como temporales, y especialmente cuando seamos molestados por cualquier pasión o tentación. San Buenaventura dice que, a veces, la gracia se obtiene más fácilmente con una breve oración que con muchas buenas obras -St. Bon. de Prof. ret 2. c. 68-. A veces», dice, "una persona consigue muy fácilmente con una breve oración lo que apenas obtendría con obras piadosas". San Ambrosio declara que quien pide recibe mientras reza, porque rezar y recibir son una misma cosa. San Am. 84. ad. Demet. De ahí que San Crisóstomo afirme que «nada es más poderoso que un hombre que reza», porque participa del poder de Dios. San Bernardo enseña que para llegar a la perfección son necesarias la oración y la meditación; por la meditación vemos nuestras necesidades, y por la oración recibimos lo que nos es necesario. Ascendamos, dice, por la meditación y la oración; la primera señala lo que se quiere, y la segunda lo obtiene» -San Bernardo ser. 1. de S. Andrea.

En una palabra, salvarse sin oración es, como hemos visto, muy difícil, y en la providencia ordinaria de Dios, imposible. Pero la

oración hace la salvación más fácil y segura. Para salvarse, no es
necesario, como los mártires, exponer nuestras vidas por la fe; ni, como
los santos anacoretas, retirarse al desierto y vivir de hierbas silvestres.
No, basta con lanzar con frecuencia nuestros gritos al cielo, diciendo:
Asísteme, Señor; Dios mío, asísteme y ten piedad de mí: ¿y qué más
fácil que invocar continuamente al Señor? San Lorenzo Justiniano
nos exhorta a esforzarnos en orar al menos al comienzo de todas
nuestras acciones. Deberíamos», dice, "esforzarnos por derramar
nuestra oración al menos al principio de cada obra". Casiano dice que
los antiguos Padres recomendaban, de manera particular, la práctica
de recurrir a Dios mediante oraciones breves pero frecuentes. Que
nadie -dice San Bernardo- haga poco de su oración, pues Dios la valora
mucho; nos dará lo que le pidamos o lo que sepa que nos será más
útil» -San Ber. Serm. 5, de Quad. Si no rezamos, ciertamente no
tendremos excusa; pues, la gracia de la oración es dada a todos; está
en nuestro poder rezar cuando queramos. Conmigo -dice David- está
la oración al Dios de mi vida; diré a Dios: Tú eres mi apoyo' -Salmo
xli. 9, 10. Este punto se trata ampliamente en la segunda parte de esta
obra, en la que se demuestra claramente que Dios concede a todos
la gracia de la oración, para permitirles, mediante piadosas súplicas,
obtener abundante ayuda para observar la ley divina y perseverar hasta
la muerte en el servicio de Dios. Por el momento, sólo diré que si no
nos salvamos, será por nuestra propia culpa: estaremos perdidos, sólo
porque no habremos orado.

Sobre las condiciones de la oración

AMÉN, os digo que si pedís algo al Padre en mi nombre, os lo dará» -San Juan, xvi. 23. Jesucristo, pues, ha prometido que, cuando nuestras oraciones vayan acompañadas de las condiciones requeridas, todo lo que pidamos al Padre en su nombre nos será concedido. Vosotros, dice Santiago, pedís y no recibís, porque pedís mal» Santiago, iv. 8. En conformidad con esta doctrina del apóstol, San Basilio dice: 'A veces pedís y no recibís, porque habéis pedido precipitadamente, o sin fe, o con ligereza, o habéis pedido cosas que no os son provechosas, o no habéis perseverado'-S. Bas. Cans. Mon. cap. 1. vers. fin. Habéis pedido «sin fe», es decir, con poca fe o con poca confianza; «a la ligera», o con un débil deseo de obtener lo que pedís; «cosas que no os son provechosas», o que no conducen a vuestra salvación. Santo Tomás reduce a cuatro las condiciones necesarias para que la oración sea eficaz: que la persona ore por sí misma; que pida lo necesario para la salvación; que ore con piedad y perseverancia. Thom. 2. 2. q. 83. a. 7. ad. 2.

La primera condición, pues, de la oración es que se ofrezca por uno mismo. El Doctor Angélico sostiene que nadie puede obtener eficazmente la vida eterna para otros, ni, en consecuencia, las gracias pertenecientes a su salvación. Porque, dice, la promesa de Jesucristo fue hecha en favor de los que oran, y no de los demás: 'Él os la dará'. Sin embargo, muchos teólogos, apoyándose en la autoridad de San Basilio, sostienen una opinión contraria. El santo Doctor enseña que, en virtud de la promesa divina, la oración produce infaliblemente su efecto, incluso en favor de otros, siempre que no opongan ningún obstáculo positivo a su eficacia. Esta doctrina está fuertemente apoyada por la Sagrada Escritura. Y orad unos por otros, para que os salvéis. Porque la oración continua del justo vale mucho» (Santiago, v. 16). Orad por los que os persiguen y calumnian' -Mateo, v. 44. El que sabe que su hermano peca un pecado que no es para muerte, que pida, y se le dará vida al que no peca para muerte. Hay un pecado que es para muerte; por eso no digo que nadie pida.'-1 Juan, v. 16. San Ambrosio, San Agustín, el venerable Beda y otros, dicen que por el que no peca hasta la muerte, el apóstol se refiere a un pecador que no tiene la intención de vivir obstinadamente en el pecado hasta la muerte. La conversión de tal pecador requiere una gracia muy extraordinaria. Pero el apóstol promete al que ruega por los que no son culpables de tan enorme malicia, que se convertirán: 'Que pida, y se le dará vida al que no peque hasta la muerte'.

Sin embargo, es muy cierto que las oraciones de los demás son muy provechosas para los pecadores, y muy agradables a Dios. Dios se queja de sus siervos, porque descuidan recomendar a los pecadores a su misericordia. Una vez dijo a María Magdalena de Pazzi: 'Mira, hija mía, cómo los pecadores están en manos del diablo: si mis elegidos, con sus oraciones, no los libraran, serían devorados.' El Todopoderoso desea, de manera particular, que los sacerdotes y religiosos derramen sus oraciones en favor de los pecadores. María Magdalena de Pazzi solía decir a sus hermanas de religión: 'Mis queridas hermanas, Dios nos ha separado del mundo, no sólo para santificarnos, sino también para aplacar su ira contra los pecadores.' El Señor le dijo un día: «Os he dado a vosotras, mis esposas elegidas, una ciudad de refugio (es decir, la pasión de mi hijo) a la que podéis recurrir para la protección de mi pueblo». Recurrid, pues, a esa fuente de misericordia, procurad ayuda a mis criaturas que perecen y dad vuestra vida por su salvación…». De ahí que esta santa, inflamada de santo celo, acostumbraba a ofrecer cincuenta veces al día la sangre del Redentor en favor de los pecadores. Tan ardiente era su deseo de que se convirtieran, que con frecuencia exclamaba: 'Qué doloroso es, Señor, ver que podría ayudar a tus criaturas dando mi vida por ellas, y que no se me permite hacerlo'. Recomendaba a Dios a los pecadores en todos sus deberes, y consta en su vida que apenas dejaba pasar una hora sin presentar sus fervientes súplicas para que volvieran a Dios. Con frecuencia se levantaba de noche y se postraba ante el Santísimo Sacramento para orar por ellos. Pero, a pesar de todos estos esfuerzos de celo, una vez la encontraron bañada en lágrimas, y al preguntarle la causa de su llanto, respondió: «porque me parece que no hago nada por los pecadores». Tal era su caridad, que, a petición suya, era frecuentemente visitada por el Todopoderoso con los más agudos dolores y enfermedades por la conversión de los pecadores: incluso se ofrecía a ser condenada a las penas del infierno por su salvación, siempre que pudiera ser confinada en ese lugar de tormentos sin odiar a Dios. Rezaba especialmente por los sacerdotes, porque sus virtudes aseguran la salvación de muchos, y su mal ejemplo causa la ruina de miles. Por eso suplicaba con frecuencia a Dios que la castigara por sus pecados, diciendo: 'Señor, hazme morir con frecuencia, y hazme volver a la vida, para que sufriendo con frecuencia los dolores de la muerte, satisfaga tu justicia por ellos'. Se cuenta en su vida que liberó a innumerables almas de las manos de Lucifer.

El celo de esta santa merecía una mención especial. Pero nadie puede estar animado por el amor de Dios sin orar continuamente por los pobres pecadores. ¿Cómo es posible que los que aman a Dios, y ven su amor hacia el hombre; que saben lo que Jesucristo ha hecho y sufrido por la salvación del mundo, y cuán ardientemente desea que oremos por los pecadores; ¿cómo, digo, es posible que puedan mirar con indiferencia la deplorable condición de tantas pobres almas separadas de Dios, y gimiendo bajo la esclavitud del infierno; o no sentirse movidos frecuentemente a suplicar al Todopoderoso que dé a esas infelices criaturas luz y fuerza para levantarse del miserable estado de perdición en que duermen? Es verdad que Dios no ha prometido escuchar nuestras oraciones en su favor, cuando ponen un impedimento positivo a su propia conversión. Pero Dios, en su bondad, ha sido inducido frecuentemente por las oraciones de sus siervos a volver al camino de la salvación, por gracias extraordinarias, a los pecadores más ciegos y obcecados. Cuidemos, pues, de no omitir nunca la recomendación de los pobres pecadores a Dios al decir y oír misa, en nuestra comunión, meditaciones y visitas al santísimo sacramento. Un autor erudito dice que quien intercede por los demás, será más fácilmente escuchado cuando rece por sí mismo. Volvamos ahora a las demás condiciones que Santo Tomás exige para la eficacia de la oración.

La segunda condición establecida por el santo doctor es que pidamos «las gracias necesarias para la salvación». La promesa de Jesucristo de conceder todo lo que pidamos en su nombre, no se extiende a los favores temporales, que no son necesarios para la salvación. San Agustín, explicando las palabras de Cristo: «Todo lo que pidáis en mi nombre», etc., dice que «todo lo que se opone a nuestro bien eterno no se pide en nombre del Redentor». A veces pedimos favores temporales, y porque Dios nos ama y desea mostrarnos misericordia, no atiende nuestras peticiones. Un cristiano que suplica fielmente a Dios por las necesidades de esta vida, es a veces misericordiosamente escuchado, y a veces, por misericordia, su clamor es desatendido; porque el médico sabe mejor que el paciente lo que mitigará sus dolores» - S. Aug. tom. 3, cap. 212. Un médico no administra a su amigo enfermo un remedio apetecible, que sabe que aumentaría su mal. Oh, cuántos, si hubieran sido visitados por la enfermedad y la pobreza, se habrían abstenido de los pecados que cometieron en la opulencia y la salud. Es por esta razón que Dios, viendo que la salud del cuerpo y los bienes de la fortuna serían para algunos una ocasión de pérdida de la gracia, o, al menos, de tibieza en su servicio, se niega a escuchar sus oraciones por estos beneficios. Sin embargo, no quiero decir que sea una falta pedir a Dios bendiciones temporales, en la medida en que son conducentes a la salvación eterna. Dame, dijo el sabio, sólo lo necesario para vivir» (Proverbios, xxx. 8).

8.- Según Santo Tomás, no está prohibido abrigar una solicitud bien ordenada por los bienes terrenales. Pero es criminal desear y buscar las riquezas terrenas con un afecto desmesurado, no como medios de salvación, sino como si depositáramos en su posesión nuestra suprema felicidad. Siempre, pues, que pidamos tales favores, debemos pedirlos con resignación a la voluntad divina, y con la condición de que sean provechosos para nuestra alma; y cuando el Señor no nos los conceda, tengamos la seguridad de que nos los niega porque nos ama, y porque sabe que serían un obstáculo para nuestro bienestar espiritual.

Sucede a menudo que suplicamos a Dios que nos libre de algunas tentaciones peligrosas; pero él parece sordo a nuestro clamor y permite que el enemigo continúe molestándonos. Persuadámonos de que también esto es para nuestro mayor bien. No es por las tentaciones

y los malos pensamientos, sino por un consentimiento criminal a
ellos, que nos separamos de Dios. Encomendándose a Dios en las
tentaciones, y rechazando, con su ayuda, las malas sugestiones de sus
enemigos, el alma progresa rápidamente en la perfección, y pronto se
une íntimamente a Dios; y por eso, el Señor no atiende a sus oraciones,
sino que permite que continúen sus tentaciones. San Pablo oró con
gran fervor para ser librado de las tentaciones de la carne, pero su
oración no fue escuchada. Me fue dado, dijo, un aguijón de la carne,
un ángel de Satanás que me abofeteaba; por lo cual rogué tres veces
al Señor que se apartase de mí, y él me dijo: Te basta mi gracia"-2
Corintios xii. 7. Así, incluso en nuestras tentaciones, debemos orar
con resignación, diciendo: si es conveniente, aparta de mí, Señor, esta
tentación; si no, dame al menos gracia para resistirla. Y entonces, como
dice San Bernardo, si Dios no nos concede el favor que pedimos,
nos concederá un don más útil. Para probar nuestra fidelidad, y
para nuestro mayor provecho, Dios permite a menudo que seamos
azotados por la tempestad. Parece sordo a nuestras oraciones; pero no,
oye nuestro clamor, y secretamente nos asiste y fortalece con su gracia
para rechazar todo ataque del enemigo. Mirad cómo habla por boca
del Salmista: 'Me invocaste en la aflicción: Te oí en lo secreto de la
tempestad: Te probé en las aguas de la contradicción' -Salmo lxxx. 8.

Las demás condiciones de la oración son la piedad y la
perseverancia. La piedad incluye la humildad y la confianza. La
perseverancia consiste en continuar orando hasta la muerte. Como
la humildad, la confianza y la perseverancia son las condiciones más
necesarias de la oración, hablaré de cada una por separado.

DE LA HUMILDAD CON QUE DEBEMOS ORAR

El Señor tiene en cuenta las oraciones de sus siervos humildes: «Ha tenido en cuenta las oraciones de los humildes». Ci. 18. Pero no atiende las oraciones de los soberbios; no, las rechaza con desdén: 'Dios resiste a los soberbios y da gracia a los humildes' -San Santiago, iv. 6. El Todopoderoso no escucha las súplicas de los soberbios que confían en sus propias fuerzas, sino que los abandona a su propia debilidad y miseria, que, abandonadas por la gracia divina, los conducirán infaliblemente a la perdición. 'Antes de ser humillado', dijo el santo David, 'ofendí' - Sal. cxviii. 67., como si dijera: He pecado por no haber sido humilde. Una desgracia parecida le sucedió a San Pedro. Cuando este apóstol fue amonestado por Jesucristo, de que en la noche de su pasión todos los discípulos debían abandonarle a su Señor y Maestro, en vez de reconocer su propia debilidad, y pedir fuerza a lo alto para permanecer fiel, confió en su propio poder, y exclamó: 'Aunque todos se escandalicen en ti, yo nunca me escandalizaré' -San Mateo xxvi. 33. Jesús le dijo Te aseguro que esta noche, antes que cante el gallo, me negarás tres veces; Pedro, confiando en su propio valor, replicó jactancioso: 'Sí, aunque muera contigo, no te negaré' -Ver. 35. ¿Y cuál fue el resultado? Apenas había entrado Pedro en la casa del sumo sacerdote, cuando negó tres veces la acusación de ser discípulo de Jesús, y a su negación añadió la solemnidad de un juramento. Y otra vez negó con juramento: 'No conozco al hombre' -Mateo. xxvi. 72. Si Pedro hubiera sido humilde y hubiera pedido a Dios el don de la constancia, no habría negado a su maestro.

Cada uno debe considerar que está, por decirlo así, en la cima de una alta montaña, suspendido sobre el abismo de todos los pecados, y sostenido sólo por el hilo de la gracia de Dios; si este hilo cede, caerá infaliblemente en el abismo, y perpetrará los crímenes más enormes. Si el Señor no me hubiera socorrido, mi alma casi habría morado en el infierno"-Salmo xciii. 17. Si Dios no me hubiera socorrido, habría caído en innumerables pecados, y ahora estaría enterrado en el infierno. Tales eran los sentimientos del salmista, y tales deberían ser los sentimientos de cada uno de nosotros. San Francisco, convencido de su propia nada y miseria, solía decir que era el mayor pecador del mundo. Su compañero, en una ocasión, le dijo: «Padre, lo que dices no puede ser verdad, seguramente hay muchos más pecadores que tú». Lo que he dicho», respondió el santo, "es demasiado cierto, porque si Dios no me hubiera preservado, habría cometido pecados de todo tipo".

Es de fe que sin el auxilio de la gracia no podemos realizar ninguna obra buena, ni siquiera tener un pensamiento bueno. Sin la gracia», dice San Agustín, "los hombres no hacen nada, ni con el pensamiento ni con la acción". Augus. de Corr, et Grat. cap. 2. 2. «Como el ojo no puede ver sin luz -dice el santo-, así nosotros no podemos hacer nada sin la gracia». No,' dice el apóstol, 'que somos suficientes para pensar algo de nosotros mismos, como de nosotros mismos; pero nuestra suficiencia es de Dios.'- 2 Corintios iii. 5. Y el profeta real dice: 'Si el Señor no construye la casa, en vano trabajan los que la edifican' -P. cxxvi. 1. En vano se esfuerza el hombre por santificarse, si Dios no le ayuda. Si el Señor no guarda la ciudad, en vano vela el que la guarda"-Ibid. Si Dios no guarda el alma del pecado, en vano se esforzará el hombre con sus propias fuerzas por preservarla de su mancha. Por eso dice el salmista: 'Porque no confiaré en mi arco' -Salmo xliii. 7. No confiaré en mis propias armas, sino en Dios, que puede salvarme.

Por eso, quien ha hecho el bien o se ha abstenido de grandes pecados, debe decir con San Pablo: «Por la gracia de Dios soy lo que soy»-1 Corintios xv. 10., y debe temblar, no sea que a la primera ocasión caiga. Por lo cual, el que se cree firme, tenga cuidado de no caer"-1 Corintios x. 12. Con estas palabras el apóstol insinúa que quien se considera seguro, corre un gran peligro de caer. Pues en otro lugar dice: «Si alguno se cree algo, siendo nada, se engaña a sí mismo» (Gálatas vi. 3). De ahí que San Agustín observe sabiamente: «La presunción de estabilidad hace inestables a muchos; nadie será tan fuerte como el que siente su propia debilidad» (Ser. 13. de verb. Dom. Quien dice que no teme perderse, traiciona una perniciosa confianza y seguridad en sí mismo, con la que se engaña. Porque, confiando en sus propias fuerzas, deja de temblar, y estando libre de temor, descuida encomendarse a Dios, y abandonado a su propia debilidad, cae infaliblemente. Por la misma razón, cada uno debe cuidarse de abstenerse de permitirse la vanagloria de no haber cometido los pecados en que otros han caído; incluso debe estimarse peor que ellos, diciendo: Señor, si no me hubieras socorrido, habría sido culpable de transgresiones mucho más graves. Pero si alguien se gloría de sus propias obras y se prefiere a sí mismo antes que a los demás, el Todopoderoso, en castigo de su orgullo, le permitirá caer en los crímenes más graves y horribles. El apóstol dice: «Con temor y temblor ocupaos en vuestra salvación» (Filipenses II, 12). Los tímidos desconfían de sus propias fuerzas y, poniendo toda su confianza en

Dios, vuelan a su protección en todos los peligros. Él los capacitará para vencer las tentaciones a que están expuestos, y se salvarán. A San Felipe Neri, caminando un día por Roma, se le oyó decir con frecuencia: «Desespero». Al ser corregido por un religioso, respondió: 'Padre, yo desespero de salvarme por mí mismo, pero confío en Dios'. Debemos desconfiar continuamente de nosotros mismos, y así imitaremos a San Felipe, que acostumbraba a decir todas las mañanas nada más despertarse. Señor, guárdame hoy, porque si no, te traiciono».

Entonces podemos concluir con San Agustín, que la gran ciencia de un cristiano es saber que él no es nada, y que no puede hacer nada; 'Esta es la gran ciencia, saber que el hombre no es nada'. El cristiano que está convencido de su propia nada buscará y obtendrá constantemente de Dios, por medio de la oración humilde, la fuerza que no posee, sin la cual no puede resistir la tentación ni hacer el bien, y con la cual puede hacer todas las cosas. La oración del que se humilla traspasará las nubes, y no se apartará hasta que lo vea el Altísimo». Ecles, xxxv. 21. La oración de un alma humilde penetra en los cielos, y ascendiendo al trono de Dios, no se apartará hasta que sea contemplada con complacencia por el Todopoderoso: y por enormes que sean los pecados de tal alma, las súplicas de un corazón humilde no pueden ser rechazadas: 'Un corazón contrito y humillado, oh Dios, no despreciarás' -Salmo i. 19-. Dios resiste a los soberbios y da su gracia a los humildes"-San Santiago, iv. 6. Dios trata a los soberbios con desprecio y rechaza sus exigencias; pero para los humildes es dulce y liberal. Este es precisamente el sentimiento que Jesucristo expresó un día a Santa Catalina de Siena: 'Ten la seguridad, hija mía, de que un alma que persevera en la oración humilde obtiene toda virtud'-Ap. Bios. in. Con. Cap. 3.

Insertaré aquí las hermosas observaciones dirigidas a los que
aspiran a la perfección, por el docto y piadoso Palafox, obispo
de Osina, en una nota sobre la carta 18 de Santa Teresa. En esa
carta la santa da a su confesor, una relación detallada de todos los
grados de oración sobrenatural con que había sido favorecida. El
obispo, en sus observaciones sobre la carta, observa que estas gracias
sobrenaturales que Dios se dignó conceder a Santa Teresa y a otros
santos, no son necesarias para alcanzar la santidad; ya que sin ellas,
muchos han llegado a un alto grado de perfección, y han obtenido
la vida eterna, mientras que muchos gozaron de ellas, y después se
condenaron. Dice que siendo la práctica de las virtudes evangélicas,
y particularmente del amor de Dios, el verdadero y único camino
hacia la santidad, es superfluo y hasta presuntuoso desear y buscar
tales dones extraordinarios. Estas virtudes se adquieren por la oración,
y por la correspondencia con las luces y ayudas de Dios, que desea
ardientemente nuestra santificación; 'Porque esta es la voluntad de
Dios, vuestra santificación.'-1 Tesalonicenses iv. 3.

Hablando de los grados de oración sobrenatural descritos por Santa
Teresa, el santo obispo sabiamente observa, que en cuanto a la oración
de quietud, sólo debemos desear y rogar a Dios, que nos libre de todo
apego y afecto a los bienes mundanos, los cuales, en vez de dar paz al
alma, la llenan de inquietud y aflicción. Salomón los llamó justamente
'vanidad de vanidades, y vejación de espíritu' -Eccl. i. 14. El corazón
del hombre no puede gozar de verdadera paz mientras no se despoje de
todo lo que no es Dios, y se consagre enteramente a su santo amor, con
exclusión de todo otro objeto del alma. Pero el hombre por sí mismo
no puede llegar a esta perfecta consagración de su ser a Dios; sólo puede
obtenerla por la oración constante. En cuanto al sueño o suspensión
de las potencias, debemos suplicar al Todopoderoso que las mantenga
en un profundo sueño con respecto a todos los asuntos temporales,

y despiertas sólo para meditar en su divina bondad, y para buscar el amor divino y los bienes eternos. Pues, toda santidad y la perfección de la caridad, consiste en la unión de nuestra voluntad con la santa voluntad de Dios. En cuanto a la unión de las potencias, sólo debemos rogar a Dios que nos enseñe, por su gracia, a no pensar, ni buscar, ni desear otra cosa que lo que él quiere.

En cuanto al éxtasis o arrobamiento, supliquemos al Señor que erradique de nuestros corazones todo amor desmedido a nosotros mismos y a las criaturas, y que nos atraiga enteramente hacia sí. En cuanto al vuelo del Espíritu, imploremos simplemente la gracia de un perfecto desprendimiento del mundo, para que, como el martín, que nunca se posa en la tierra, e incluso se alimenta en su vuelo, no fijemos nunca nuestro corazón en ningún goce sensual, sino que, tendiendo siempre hacia el cielo, empleemos los bienes de este mundo sólo para el sustento de la vida. En cuanto al impulso del Espíritu, pidamos a Dios valor y fuerza para hacernos a nosotros mismos la violencia que sea necesaria para resistir los ataques del enemigo, vencer nuestras pasiones o abrazar los sufrimientos aun en medio de la sequedad y desolación espirituales. Por último, en cuanto a la herida de amor, como el recuerdo de una herida se mantiene constantemente vivo por el dolor que inflige, así debemos suplicar al Señor que hiera nuestros corazones con su santo amor hasta tal punto, que podamos recordar siempre su bondad y afecto hacia nosotros, que así podamos dedicar nuestras vidas al amor, y agradarle con duras obras y afectos. Estas gracias no se obtendrán sin la oración; pero con la oración humilde, confiada y perseverante se pueden procurar todos los dones de Dios.

SOBRE LA CONFIANZA CON QUE DEBEMOS ORAR

LA condición en la que insiste Santiago, como la más indispensable para la eficacia de la oración, es que oremos con una confianza segura y sin vacilaciones de ser escuchados. Pero que pida con fe, sin vacilar' -San Santiago, i. 6. Santo Tomás enseña (S. Thom. 2. 3. q. 83. a. 2.) que «la oración deriva de la caridad su virtud para merecer una recompensa, y de la fe y la confianza, su eficacia para obtener los objetos de nuestras peticiones». La misma doctrina es inculcada por San Bernardo, quien dice que «sólo la confianza obtiene misericordia del Señor». S. Ber. Ser. 3. de Annunc. La confianza en la misericordia de Dios es sumamente agradable a su divina Majestad, porque es un tributo de homenaje y alabanza a su infinita bondad, atributo que quiso manifestar particularmente al mundo, mediante la creación del hombre. Alégrense todos -dijo el Profeta Real- los que esperan en ti: se alegrarán para siempre, y tú habitarás en ellos» -Salmo v. 12. Dios protege y salva a todos los que confían en Él: 'Él es el protector de todos los que confían en Él' -Salmo xvii. 31. Tú que salvas a los que confían en ti' -Salmo xvi. 7. ¡Oh, qué espléndidas promesas se hacen en las Sagradas Escrituras a todos los que esperan en el Señor! Quien confía en él no transgredirá la ley divina. Y ninguno de los que confían en él ofenderá' -Salmo xxxiii. 23. El Todopoderoso mantiene constantemente fijos sus ojos en aquellos que confían en su bondad, para preservarlos de la muerte del pecado. He aquí», dice David, "los ojos del Señor están sobre los que le temen, y sobre los que esperan en su misericordia, para librar sus almas de la muerte". Salmo xxxii. 18, 19. Y de nuevo dice: 'Porque esperó en mí, yo lo libraré: Yo lo protegeré: Lo libraré y lo glorificaré' -Salmo xc. 14, 15. Fijaos en la razón por la que Dios promete estos favores: porque, dice el Señor, confió en mí, yo lo protegeré; lo libraré de sus enemigos y del peligro de ofender, y le daré gloria eterna. Isaías, hablando de los que ponen su confianza en Dios, dice: 'Pero los que esperan en el Señor, renovarán sus fuerzas, tomarán alas como las águilas, correrán y no se cansarán, caminarán y no se fatigarán'-Isaías, xl. 31. Se despojarán de su debilidad y se revestirán de la fuerza de Dios; no desfallecerán ni se fatigarán al recorrer los escabrosos caminos de la salvación, sino que correrán y volarán como el águila. En el silencio y en la esperanza estará vuestra fortaleza' -Isaías, xxx. 15. El santo profeta nos dice que toda nuestra fuerza consiste en poner toda nuestra esperanza en Dios, y en el silencio, o en descansar pacíficamente en los brazos de su misericordia, desechando toda confianza en nuestros propios esfuerzos o en los medios humanos.

¿Y ha sucedido alguna vez que el que confiaba en Dios se perdiera? Nadie esperó en el Señor, y fue confundido' -Ec. ii. 11. La confianza de David le dio la seguridad de la vida eterna: 'En ti, oh Señor, he confiado, que nunca seré confundido' -Salmo xxx. 1. ¿Es posible que Dios se convierta en un engañador, y que después de haber prometido apoyo en sus peligros a todos los que confían en él, los abandone cuando invocan su ayuda? Dios -dice San Agustín- no es un engañador, que ofrece su protección y después se retira de nosotros, cuando depositamos en él nuestra confianza'. Bienaventurado el hombre, dice David, que confía en ti. ¿Por qué? Porque, dice el Salmista, 'la misericordia rodeará al que espera en el Señor' -Salmo xxxi. 10. Está rodeado y protegido por todas partes por el Todopoderoso, protegido contra sus enemigos y contra el peligro de la condenación eterna.

De ahí que el apóstol nos exhorte tan encarecidamente a que no perdamos la confianza en Dios: No perdáis, pues, vuestra confianza, que tiene una gran recompensa...». Hebreos x. 35. Las gracias que recibiremos de Dios serán proporcionales a nuestra confianza: si es fuerte y no vacila, serán abundantes. San Bernardo compara la misericordia divina con una fuente inmensa, que derrama sus aguas saludables en proporción a la magnitud del vaso de confianza en el que han de ser transportadas: 'Tú, Señor', dice, 'no derramas el aceite de la misericordia si no es en vasos de confianza'. Bern. Serm. 3. d. Annun. Que tu misericordia, Señor -dice el profeta-, sea con nosotros, pues en ti hemos esperado» -Salmo xxxii. 22. Esto se verificó en el centurión, cuya confianza fue alabada por el Redentor: «Anda -le dijo nuestro Señor-, y como has creído, así te sea hecho» -San Mateo viii. 13. Nuestro Señor reveló una vez a Santa Gertrudis, que los que oran con confianza, le hacen violencia de tal manera, que deben ser escuchados, y obtener lo que pidan. La oración», dice San Juan Clímaco, "piadosamente hace violencia a Dios". Sí, la oración hace violencia al Todopoderoso; pero es una violencia que le es agradable y aceptable.

Acudamos, pues, confiadamente -dice San Pablo- al trono de la gracia, para alcanzar misericordia y hallar gracia en el momento oportuno» (Hebreos iv. 16). El trono de la gracia es Jesucristo, que está sentado a la diestra de su Padre, no en un trono de justicia, sino de gracia, para obtener el perdón de los pecadores y la perseverancia de los justos. A este trono debemos acercarnos siempre con confianza, pero con aquella confianza que brota de una fe viva en la bondad y en la veracidad de Dios, que ha prometido escuchar a los que oran con una confianza segura y estable. El que ora con desconfianza no tiene por qué esperar ser escuchado, porque -dice Santiago- el que se agita es como la ola del mar, que es movida y arrastrada por el viento. Por tanto, no piense ese hombre que va a recibir nada del Señor» -San Santiago, i. 6, 7-. Su oración no será tenida en cuenta: la injusta desconfianza con que se agita, hace que la misericordia divina haga oídos sordos a sus peticiones. No has pedido con razón», dice San Basilio, "porque has pedido con desconfianza". David dijo que nuestra confianza en Dios debe ser como una montaña, que recibe impasible el soplo de la tempestad. Los que confían en el Señor serán como el monte Sión; no será conmovido para siempre el que habita en Jerusalén» -Salmo cxxiv. 1. El Redentor nos exhorta encarecidamente a orar con la firme confianza de obtener lo que pedimos: 'Todo lo que pidiereis orando, creed que lo recibiréis, y os vendrá' -San Marcos, xi.24. Cualquier favor que pidáis, tened confianza en que lo recibiréis, y vuestra oración será escuchada.

Pero tú dirás, ¿en qué puedo yo, miserable pecador, fundar una confianza segura de obtener lo que pida? Yo respondo que en la promesa de Jesucristo: «Pedid y recibiréis» (San Juan, xvi. 24). ¿Quién, dice San Agustín, puede temer el engaño, cuando la verdad promete? ¿Podemos dudar de ser escuchados, cuando el Dios de la verdad promete concedernos lo que pidamos? No nos exhortaría, dice San Agustín, a pedir, si no tuviera intención de dar. Ahora bien, en las Sagradas Escrituras nos suplica y nos ordena constantemente que oremos, que pidamos, que busquemos, que llamemos, y añade que «se nos hará todo lo que queramos» (San Juan, xv. 7). Para inducirnos a orar con la debida confianza, el Redentor, en el Pater

Noster, oración que él mismo compuso, nos ha enseñado a llamar a Dios nuestro Padre, en lugar de Señor o Maestro, cuando pedimos las gracias necesarias para la salvación; exhortándonos así a pedir la gracia de Dios, con la misma confianza, como un niño indigente y enfermo, pide alimento y medicina a una tierna patente. Si un padre es informado de la miserable condición de un Hijo amado que está muriendo de hambre, ¿no proveerá instantáneamente alimento para su hambriento vástago; si se le dice que el niño fue mordido por una serpiente, ¿no hará todos los esfuerzos en su poder para aplicar el remedio apropiado?

Confiando, pues, en las promesas divinas, oremos con una confianza no vacilante, sino fuerte y firme. Mantengámonos firmes en la confesión de nuestra esperanza, sin vacilar (porque fiel es el que prometió)» (Hebreos x. 23). Puesto que es por la fe que Dios cumple sus promesas, debemos orar con una confianza segura de ser escuchados, y nunca debemos ser disuadidos de perseverar en la oración por la ausencia de una confianza sensible derivada de la sequedad espiritual, o de la agitación producida por la comisión de alguna falta. Al contrario, en el tiempo de sequedad y agitación debemos incluso forzarnos a orar, porque entonces, acompañadas nuestras oraciones de una desconfianza en nosotros mismos, y procediendo de una confianza en la bondad y fidelidad de Dios, que ha prometido oír a todos los que le invocan, le serán muy aceptables y serán muy fácilmente escuchadas. Oh cuán grato es al Señor, vernos en tiempo de tribulaciones, de temores y tentaciones, esperanza contra esperanza, o contra ese sentimiento de desconfianza que naturalmente brota de un estado de desolación. Por eso el apóstol alabó la confianza del patriarca Abrahán, «que contra la esperanza creyó en la esperanza» (Romanos iv. 18).

San Juan dice que quien confía firmemente en Dios será
ciertamente santo: «Y todo el que tiene esta esperanza en él se
santifica, como él también es santo» (1 Jn 3,3), porque Dios
derrama abundantemente sus gracias sobre los que confían en él. Esta
confianza permitió a tantos mártires, a tantas tiernas vírgenes y a tantos
niños indefensos resistir la crueldad salvaje de los tiranos y superar
los tormentos que les habían sido preparados. A veces rezamos, pero
Dios parece no escucharnos. En tales ocasiones, no abandonemos
nunca la oración, sino redoblemos nuestra confianza, diciendo con
el santo Job: «Aunque me mate, en él confiaré». -Job, xiii. 15. Oh
Dios mío, aunque vuelvas tu rostro de mí, no dejaré de orar y de
esperar en tu misericordia. Actuemos así, y obtendremos de Dios todo
lo que deseemos. Fue por la perseverancia en la oración, después de
que su petición había sido repetidamente rechazada, que la mujer
cananea obtuvo de Jesucristo el objeto de sus deseos. Estando su hija
poseída por un demonio, suplicó al Redentor que la librase, diciendo:
'Ten piedad de mí, Señor, hijo de David: mi hija está gravemente
atormentada por un demonio' -San Mateo xv. 22-. Nuestro Señor
respondió que no había sido enviado a los gentiles, sino a las ovejas
perdidas de la casa de Israel. La mujer no se desanimó por esta
respuesta, sino que se acercó y le adoró, diciendo con confianza:
«Señor, ayúdame». Él le respondió que no era bueno tomar el pan
de los hijos y echarlo a los perros. Pero ella dijo: 'Sí, Señor, porque los
cachorros comen de las migajas que caen de las mesas de sus amos'. El
Salvador, viendo su gran confianza, le dijo: 'Oh mujer, grande es tu fe;
hágase contigo como quieres'. 25, 26, 27. 'Y quién', dice el Eclesiástico,
'ha invocado alguna vez al Señor sin obtener alivio. ¿O quién le ha
invocado y le ha despreciado?' -Ecc. ii. 12.

San Agustín llamaba a la oración la llave que nos abre el cielo;
de modo que los favores que pedimos descienden sobre nosotros

en el mismo instante en que nuestras oraciones ascienden a Dios. La oración del justo -dice- es la llave del cielo; asciende su petición y desciende la misericordia de Dios.'-S. Aug. Serm. 216. de temp. Según el profeta real, nuestras súplicas y la misericordia divina están inseparablemente unidas. Bendito sea Dios, que no ha apartado de mí mi oración ni su misericordia» (Salmo lxv. 20). Por esta razón, San Agustín nos dice que, siempre que oremos, tengamos la seguridad de ser escuchados. 'Cuando -dice- veas que perseveras en la oración, ten por seguro que la misericordia de Dios no está lejos de ti'-S. Aug. en Sal. xcv. Por mi parte, nunca me siento más consolado en espíritu, ni más confiado en la salvación, que cuando me dedico a la oración y me encomiendo a la misericordia divina.

Estoy seguro de que lo mismo puede decirse de todos los cristianos. Porque es una verdad tan cierta e infalible como que Dios no puede violar sus promesas, que quien ora con confianza será escuchado; pero todas las demás señales de nuestra salvación son inciertas y falibles.

Cuando percibimos nuestra propia debilidad y nuestra incapacidad para vencer alguna pasión o superar alguna dificultad, debemos tener cuidado de no imitar a esas almas pusilánimes que dicen: «No puedo resistir esta tentación, no puedo cumplir este deber, no puedo confiar en mí mismo»; sino que debemos animarnos con el ejemplo del apóstol y decir con él: «Todo lo puedo en Aquel que me fortalece» -Filipenses iv. 13-. Ciertamente no podemos hacer nada por nosotros mismos, pero con la ayuda divina podemos hacerlo todo. Si el Todopoderoso dijera a cualquiera de nosotros: «Toma esta montaña sobre tus hombros y cárgala; yo te ayudaré», ¿no sería una locura y una impiedad responder: «No puedo mover un peso tan enorme; no intentaré una tarea que no tengo fuerzas para realizar»? Cuando, pues, veamos que somos pobres, miserables y desdichados, y que nos rodea la tentación, no nos desanimemos, sino que levantemos los ojos al cielo, y digamos con el santo David: 'El Señor es mi ayudador, y yo miraré por encima de mis enemigos' -Salmo cxvii. 7. Con la asistencia de mi Salvador venceré y despreciaré todos los ataques de mis adversarios. Cuando estemos en peligro de ofender a Dios, o a punto de comprometernos en algún asunto de importancia, y no sepamos qué curso adoptar o cómo actuar, encomendémonos al Señor, diciendo: 'El Señor es mi luz y mi salvación; ¿a quién temeré?-Salmo xxvi. 1. Y el Todopoderoso disipará infaliblemente nuestras tinieblas y nos preservará de todo mal.

Quizá dirás: «Soy pecador, y he leído en las Escrituras que Dios no oye a los pecadores» -San Juan, ix. 31. Santo Tomás responde, con San Agustín, que estas palabras fueron pronunciadas por el ciego, antes de haber sido iluminado. 'Eso', dice Santo Tomás, 'es la palabra del ciego todavía no perfectamente iluminado, y por eso no está ratificada'-S. Thom. 2. 2. q. 83. art. 16. ad. 1. El doctor Angélico añade que, en efecto, Dios no escucha las súplicas de los pecadores cuando sus plegarias proceden del deseo de perseverar en el pecado; como, por ejemplo, cuando buscan en Dios ayuda para vengarse de sus enemigos, o para ejecutar cualquier otro designio criminal. Lo mismo puede decirse de los pecadores que, mientras ruegan por los medios de salvación, no tienen ningún deseo de abandonar sus hábitos pecaminosos. Hay algunas almas infelices que incluso aman las cadenas con las que el diablo las mantiene esclavizadas. Sus oraciones son temerarias y abominables a los ojos de Dios, y por eso son rechazadas. Y qué mayor temeridad se puede concebir, que pedir favores a aprince a quien no sólo has ofendido frecuentemente, sino a quien, estás decidido a seguir ofendiendo. Por esta razón, el Espíritu Santo dice por boca del sabio, que la oración de aquel que rechaza el conocimiento ofrecido de los mandamientos divinos, es odiosa y detestable ante el Señor: 'El que aparta sus oídos del aprendizaje de la ley, su oración será abominable' -Proverbios. xxviii. 9. A tales pecadores el Todopoderoso declara que sus oraciones son inútiles, que se apartará de ellas y no atenderá sus súplicas: Y cuando extendáis vuestras manos, apartaré de vosotros mis ojos; y cuando multipliquéis la oración, no os oiré» (Isaías i. 15). Así trató la oración de Antíoco, que suplicó al Señor y le prometió grandes cosas. Pero sus promesas eran insinceras, su corazón estaba endurecido por el pecado, sus oraciones procedían del miedo al castigo con el que estaba amenazado, y por lo tanto fueron rechazadas por el Todopoderoso. Y tuvo una muerte miserable, devorado por gusanos que pululaban fuera de su cuerpo. Entonces este malvado oró al Señor, de quien no había de obtener misericordia'-2 Macabeos ix.13.

Hay otra clase de pecadores, que caen por la fragilidad humana, o por la violencia de alguna pasión; que desean ardientemente sacudirse el yugo del enemigo, y suplican fervientemente al Todopoderoso que rompa las cadenas de la muerte con que están atados, y los libere de la miserable esclavitud del infierno, bajo la cual gimen. Si perseveran en la oración, su clamor será infaliblemente escuchado por Aquel que ha prometido que 'todo el que pide, recibe; y el que busca, encuentra' -Luc. xi. 10. El autor de la Obra Imperfecta, en su comentario sobre este pasaje, dice que todos los pecadores, así como los santos, reciben lo que piden y encuentran lo que buscan. (Aust. Oper. Imper. Thom. 18.) El Redentor dice que lo que no se puede obtener de un amigo por amistad, se puede obtener por importunidad: «Pero si sigue provocando, os digo que aunque no se levante y le dé porque es su amigo, se levantará por su importunidad y le dará todo lo que necesite. Y yo os digo: Pedid y se os dará, etc.-Luc. xi. 5, 6, 7, 8, 9. Así la oración perseverante obtiene misericordia de Dios, incluso para los que no son sus amigos. San Crisóstomo dice que 'la amistad no es tan poderosa ante Dios como la oración: y lo que la amistad no ha logrado, la oración lo efectúa'-S. Crisóstomo hom. 56. San Basilio enseña que los pecadores obtienen lo que piden, si lo piden con perseverancia'. S. Bas. Cons. Mon. cap. 1. San Gregorio dice: «Que el pecador grite en voz alta, y su oración alcanzará al Altísimo» - S. Greg, en Ps. vi. panit. San Jerónimo observa que, según el ejemplo del hijo pródigo, que exclamó: «Padre, he pecado», todo pecador puede dirigirse al Todopoderoso como a su padre, siempre que ruegue ser recibido de nuevo entre los hijos de Dios. Hierom. Ep. ad Dam. de Fil. Prod. San Agustín dice que «si Dios no escucha a los pecadores, en vano habría dicho el publicano: Dios, sé propicio a mí, pecador». Augus, trac. 24. en Juana. Ahora bien, el Evangelio nos informa de que el publicano, por su oración, obtuvo el perdón: 'Éste bajó a su casa justificado' -8. Lucas xviii. 14.

El doctor angélico, que ha examinado este punto más minuciosamente que ningún otro escritor, no duda en afirmar que Dios escucha las oraciones incluso de los pecadores; que, aunque sus oraciones no sean meritorias, como la impetración depende de la bondad de Dios, y no de su justicia, tienen suficiente eficacia para obtener favores. El mérito», dice Santo Tomás, "depende de la justicia, pero la impetración depende de la gracia". S. Th. 2. 2. 9. 83. a. 16. ad. 2. Por eso Daniel imploró la misericordia divina, diciendo: 'Inclina, oh Dios mío, tu oído y escucha; abre tus ojos y mira nuestra desolación; porque no es por nuestra justificación por lo que presentamos nuestras oraciones ante tu rostro, sino por la multitud de tus tiernas misericordias' -Daniel ix. 18. Para obtener por la oración las gracias que pedimos, no es necesario ser amigos de Dios; por la oración somos devueltos a su amistad. La oración -dice Santo Tomás- nos hace amigos de Dios». San Bernardo observa que las oraciones de un pecador para ser limpiado de su pecado, proceden del deseo de volver a Dios: ahora bien, el deseo de convertirse a Dios es ciertamente el don del cielo. Y «¿por qué -dice el santo- inspiraría

Dios tal deseo al pecador, si no tuviera intención de escucharle?». De
ahí tantos ejemplos registrados en las Sagradas Escrituras de pecadores
liberados de sus pecados por la humilde oración. Así Achab, (3 Reyes,)
Manasses, (2 Paral. xxx.) Nabucodonozer, (Daniel) y el buen ladrón,
(Lucas xxiii. 43.) fueron restaurados por la oración al favor de Dios.
Oh cuán maravillosa es la eficacia de la oración. Dos pecadores mueren
con Jesucristo en el Calvario; uno ruega al Redentor que se acuerde de
él, y se salva; el otro no reza, y se condena.

San Crisóstomo dice: «Ningún pecador ha pedido jamás con dolor
los beneficios de Dios sin obtener lo que deseaba». S. Chry. hom.
de Moysi. Pero por qué buscar más razones o autoridades, cuando
Jesucristo ha dicho: 'Venid a mí todos los que estáis trabajados y
agobiados, y yo os aliviaré' -Mateo xi. 28. San Jerónimo, San Agustín
y otros dicen que el Redentor se refería a los pecadores que gimen
bajo el peso de sus iniquidades, y que si éstos invocan al Señor,
serán, según la promesa de Cristo, refrescados, devueltos a su amistad
y salvados por la misericordia divina. Ah», dice San Crisóstomo,
»¿no deseas tan ardientemente el perdón de tus pecados como Dios
desea concedértelo? El santo añade que «no hay favor que el pecador
más abandonado no pueda obtener mediante una oración ferviente
y asidua». Cris. hom, 23. en Mateo. Recuérdense las palabras de
Santiago: «Pero si alguno de ustedes desea sabiduría, que se la pida a
Dios, quien da a todos abundantemente y sin reproche»-San Santiago,
i. 5. El Señor, pues, escucha a todos los que le rezan y los enriquece
con sus gracias: «El cual da a todos abundantemente». Las palabras
«y no reprende» significan que Dios no actúa como los hombres, que
cuando alguien que les ha ofendido les pide un favor, inmediatamente
le reprochan su mala conducta. No es así como el Todopoderoso
trata a los que le piden misericordia. Aunque sus pecados sean tan
numerosos como las arenas del mar, o como las estrellas del cielo,

no les reprochará sus iniquidades, cuando le pidan cualquier favor conducente a su salvación eterna; sino que, como si nunca hubieran insultado a su Majestad, les recibirá y consolará al instante; escuchará sus súplicas, y les enriquecerá abundantemente con todos sus dones. Para animar nuestra confianza, el Redentor dice: «En verdad, en verdad os digo que si pedís algo al Padre en mi nombre, os lo dará» -Jn 9 xvi. 23.; como si dijera: pecadores, no os desaniméis, que vuestros pecados no os impidan invocar a mi Padre y esperar obtener de él la salvación eterna. En efecto, no tenéis derecho a las gracias que necesitáis; no merecéis más que tormentos eternos. Pero, a pesar de vuestra indignidad, acudid a mi Padre, en mi nombre, y, por mis méritos, pedid las gracias que necesitáis, y yo os prometo, incluso os juro («Amén, amén os digo» es, según San Agustín, una especie de juramento), que mi Padre os concederá lo que pidáis. Oh Dios, ¿puede un pecador tener mayor fuente de consuelo que saber con certeza que recibirá todo lo que pida en el nombre de Jesucristo?

Digo que obtendrá todo lo que pertenece a la salvación eterna; porque en cuanto a los bienes temporales, ya he dicho que el Todopoderoso no siempre nos oye cuando rogamos por ellos, porque sabe que se opondrían a nuestros intereses espirituales. Pero su promesa de oír nuestras oraciones por favores espirituales, es absoluta e incondicional; y por eso San Agustín nos exhorta a pedir, con confianza de recibirlas, las gracias que Dios ha prometido absolutamente. Lo que Dios ha prometido, pídelo con seguridad"-Glossa. ex, Aug. ad. 2. Cor. 13. Y, ¿cómo puede Dios rehusar lo que pedimos con confianza, si está más deseoso de dispensar sus gracias que nosotros de obtenerlas? San Agustín dice que está más dispuesto a concederte sus beneficios que tú a recibirlos.

San Crisóstomo dice que la ira de Dios es provocada contra nosotros, sólo cuando descuidamos pedir sus dones. No se enoja sino

cuando no le pedimos». ¿Es posible que Dios no escuche a un alma
que implora favores conformes a su voluntad? Cuando un cristiano
dice: Señor, no te pido bienes de esta tierra; no busco riquezas, honores
o placeres; sólo suplico tu santa gracia: líbrame del pecado; concédeme
una buena muerte; inflama mi corazón con tu santo amor; (el cual, dice
San Francisco de Sales, debe ser más fervientemente pedido a Dios,
que cualquiera de sus otros dones;) infunde en mi alma un espíritu
de resignación a tu santa voluntad; ¿puede el Todopoderoso negarse
a escuchar tal oración? ¿Qué oraciones, Señor -dice San Agustín-,
escucharás si rechazas las que son conformes a tu corazón? Nuestra
confianza, cuando pedimos favores espirituales, debe estar animada
por las palabras de Jesucristo. Pues si vosotros, siendo malos, sabéis
dar buenas dádivas a vuestros hijos, cuánto más vuestro Padre del cielo
dará el buen espíritu a los que se lo pidan' -Lucas, xi. 13. Si vosotros,
dice el Redentor, que estáis tan llenos de amor propio y, por tanto,
tan apegados a vuestro propio interés, no podéis negar a vuestros hijos
lo que os piden, ¿cómo podría vuestro Padre celestial, cuyo amor por
vosotros excede al del más tierno de los padres; cómo, digo, podría
negaros las bendiciones espirituales que le pedís con humilde oración?

Sobre la Perseverancia necesaria para la Oración

La humildad, pues, y la confianza son indispensablemente necesarias para la eficacia de la oración; pero para obtener la perseverancia final, y con ella la vida eterna, no son suficientes. Las oraciones particulares obtendrán ciertamente las gracias particulares que se buscan de Dios, pero para obtener la perseverancia final, debemos continuar en oración hasta el fin de nuestras vidas, porque la perseverancia final incluye la acumulación de muchas gracias, y por lo tanto requiere oraciones multiplicadas, y oraciones continuadas hasta la muerte. La gracia de la salvación no es una sola gracia, sino una cadena de gracias, todas ellas unidas a la gracia de la perseverancia final. Ahora bien, a esta cadena de gracias debe corresponder otra cadena de oraciones: si por descuido de la oración rompemos la cadena de nuestras oraciones, se romperá también la cadena de gracias, de la que depende nuestra salvación, y estaremos perdidos.

El Concilio de Trento, en efecto, enseña que no podemos merecer la gracia de la perseverancia final, y declara que «sólo puede obtenerse de Aquel que es capaz de confirmar a los que permanecen, para que permanezcan perseverantemente» (Sesión 6, cap. 13). Sin embargo, San Agustín dice que este gran don de la perseverancia puede, en cierta medida, merecerse; es decir, puede obtenerse mediante la oración. Este don de Dios (la perseverancia) puede, pues, merecerse suplicantemente, es decir, puede obtenerse mediante la súplica"-San Agustín de Don. Perse. 6. Y Suárez añade que quien reza la recibirá infaliblemente. Pero Santo Tomás enseña que para obtener la perseverancia y salvarse es necesaria la oración incesante y continua. Para entrar en el cielo -dice- es necesaria la oración continua, después del bautismo.'-S. Thom. 3. p. q. 39. a. 5. La misma doctrina se enseña en muchos pasajes del Nuevo y del Antiguo Testamento: «Debemos orar siempre y no desmayar» (Lucas, xviii. 1). 1. 'Velad, pues, orando en todo tiempo, para que seáis tenidos por dignos de escapar de todas estas cosas que han de venir, y de estar en pie delante del Hijo del Hombre' -Lc. xxi. 36. Nada te impida orar siempre'-Eccl. xviii. 22. Bendice a Dios en todo tiempo y desea que dirija tus caminos"-Job. iv. 10. Por eso el apóstol exhortaba a sus discípulos a la oración continua. Orad sin cesar"-1 Tesalonicenses v. 17. Sed constantes en la oración, velando en ella con acción de gracias"-Colosenses iv. 2. Quiero, pues, que los hombres oren en todo lugar'-1 Timoteo ii. 8. El Señor desea ardientemente concedernos el don de la perseverancia y de la vida eterna, pero, dice San Nilo, sólo los concederá a quien ore con perseverancia. Quiere conceder sus beneficios a quien persevera en la oración"-S. Nilo. de. Orai. cap. 32. Muchos pecadores se convierten por la gracia divina, y obtienen el perdón de sus pecados; pero, por descuidar la oración de perseverancia, recaen en sus pecados anteriores, o mayores, y pierden todo el fruto de su arrepentimiento.

El cardenal Belarmino dice que no basta pedir algunas veces la gracia de la perseverancia, sino que para obtenerla hay que rezarla diaria y continuamente, hasta la muerte. Para obtenerla todos los días, hay que pedirla todos los días». Quien la pida hoy, la obtendrá para hoy; pero quien no la pida mañana, caerá en el mañana. Inculcar la necesidad de la perseverancia en la oración, fue el objeto del Redentor en la parábola del amigo, que se negó a dar los panes que se le pedían, hasta después de las más importunas demandas. Pero si sigue llamando, os digo que, aunque no se levante a dar, porque es su amigo, a causa de su importunidad, se levantará y le dará todos los que necesite» (Lc. xi, 8).

8. «Ahora bien -dice San Agustín-, si para librarse de la importunidad, tal amigo dio, aun contra su voluntad, los panes que se le pedían, ¿cuánto más el Dios de bondad, que nos exhorta a pedir, y que se ofende cuando no pedimos, nos dará lo que le pedimos? ¿Cuánto más fácilmente obtendrá la oración ferviente y perseverante las gracias del Dios de misericordia, que siendo infinita Bondad, desea ansiosamente difundir sus beneficios, e incluso nos suplica y ordena, bajo pena de incurrir en su desagrado, que oremos por ellos? El Todopoderoso, pues, está muy dispuesto a concedernos la salvación y las gracias necesarias para ella; pero exige que las pidamos con perseverancia e incluso con importunidad. Cornelio a Lápide, en su comentario al pasaje citado, dice que «Dios quiere que perseveremos en la oración hasta la importunidad...». Para los hombres los importunos son intolerables, pero Dios no sólo soporta nuestra importunidad, sino que nos suplica que busquemos incesante e importunamente sus gracias, y especialmente el don de la santa perseverancia. San Gregorio dice que «Dios quiere ser invocado, quiere ser obligado, quiere ser vencido por una cierta importunidad. Feliz violencia, por la cual Dios no es ofendido, sino aplacado' -San Gregorio. Hom. 1. in. Evan.

Así pues, para obtener la perseverancia, es necesario encomendarse continuamente a Dios, mañana y tarde, en nuestras meditaciones, en la misa, en la comunión y en todo momento, pero particularmente en el tiempo de la tentación, diciendo: Ayúdame, Señor, ayúdame. Oh Señor, mantén tu mano sobre mí; no me abandones; ten piedad de mí. ¿Hay algo más fácil de decir que: Ayúdame, Señor, ayúdame? Sobre las palabras: «Conmigo está la oración al Dios de mi vida», la Glosa dice: «Una persona puede decir: soy incapaz de ayunar o de dar limosna; pero si se le dice que rece, no puede decir: soy incapaz de rezar»; porque no hay nada más fácil que rezar. Pero para procurar el auxilio divino, no hay que dejar nunca de orar, hay que hacer continuamente violencia al cielo, esa violencia que es querida y agradable a Dios. Esta violencia, dice Tertuliano, es agradable a Dios. San Jerónimo declara que nuestras oraciones son agradables a Dios en proporción a nuestra perseverancia e importunidad. La oración es tanto más agradable cuanto más importuna'-S. Hiero. in Luc. ii. Hiero. en Luc. ii.

Bienaventurado el hombre que me oye, y que vela cada día a mis puertas' -Proverbios viii. 94. Bienaventurado, dice el Señor, el hombre que me oye y vela incesantemente con santa oración a las puertas de mi misericordia. Isaías dice: 'Bienaventurados todos los que esperan en él' -Isaías xxx. 18. Bienaventurados los que oran hasta la muerte, esperando la salvación del Señor. Fíjate en el lenguaje con que el Redentor nos exhorta a orar: «Pedid y se os dará, buscad y hallaréis, llamad y se os abrirá» (Lucas xi. 9). 9. Para inculcar la necesidad de la oración, habría bastado con decir «pedid». ¿Por qué entonces añadió: «buscad» y «llamad»? Ciertamente, estas últimas palabras no eran superfluas; con ellas el Salvador quería enseñarnos que debíamos imitar a los pobres, que viven de las limosnas de los ricos, quienes, cuando se les niega lo que piden, repiten sus peticiones, y cuando las puertas de los ricos se les cierran, siguen llamando hasta que se vuelven molestos por su importunidad. Así desea Dios que oremos, y que nunca dejemos de orar, pidiendo su socorro y asistencia, su luz y fortaleza, para preservarnos de perder jamás su santa gracia. El sabio Lessius dice que quien se encuentra en estado de pecado o en peligro de muerte y descuida la oración, o quien descuida la oración durante un tiempo considerable, como un mes o dos, no puede ser excusado de una falta grave. Además, el que es atacado por cualquier tentación grave, peca gravemente, sin duda, si no busca en Dios ayuda para rechazarla; pues de otro modo se expone al peligro próximo y aun cierto de caer.

Tal vez preguntaréis, ¿por qué Dios, que quiere darme la gracia de la perseverancia, no me la concede la primera vez que se la pido? Los santos Padres aducen muchas razones: Dios no concede el don de la perseverancia tan pronto como se le pide, en primer lugar, porque quiere probar nuestra confianza. En segundo lugar, porque quiere que la estimemos mucho y la deseemos con fervor. Dios -dice San Agustín- no quiere concederlo en seguida, para que aprendas a desear ardientemente las cosas grandes: lo que se desea mucho, se valora mucho cuando se obtiene; lo que se da fácilmente, se desprecia.'-S. Augus. Ser. 61. alias 5. de verb. Dom. En tercer lugar, para que no nos olvidemos de él: si ya tuviéramos asegurada la perseverancia y la salvación y no tuviéramos más necesidad de la ayuda de Dios para conservar su gracia, pronto nos olvidaríamos de él. La necesidad obliga a los pobres a frecuentar las casas de los ricos. Por eso el Señor, para atraernos a sí (como dice San Crisóstomo) y vernos frecuentemente a sus pies, a fin de conferirnos mayores beneficios, aplaza la gracia de la salvación hasta el momento de nuestra muerte. No la aplaza porque rechace nuestras oraciones, sino porque quiere hacernos de este modo más solícitos en su servicio y atraernos así hacia sí' - S. Chry. hom. 30. en Gen. 30. in Gen. En cuarto lugar, para que, perseverando en la oración, estemos más estrechamente unidos a él por las dulces cadenas del amor. La oración -dice San Crisóstomo-, que nos acostumbra a conversar con Dios, es un fuerte vínculo del amor divino». Crisóstomo en el Salmo 4. Oh, cómo la constante solicitud a Dios por medio de la oración, y la confiada expectativa de recibir de Él las gracias que necesitamos, encienden en nosotros el fuego del amor divino, y nos unen a la divinidad.

Pero, ¿hasta cuándo debemos orar? San Crisóstomo responde que debemos orar hasta que recibamos la sentencia de salvación eterna, es decir, hasta la muerte. No desistáis, dice, hasta que recibáis». Chry. hom. 24. en Mt. 7. Y añade que quien esté resuelto a perseverar en la oración hasta que reciba una sentencia favorable, ciertamente se salvará. 'Si', dice, 'dices: No me retiraré hasta que haya recibido, ciertamente recibirás.'- (Ibid). ¿No sabéis, dice el apóstol, que los que corren en la carrera, todos ciertamente corren, pero uno solo recibe el premio? Así que, corred para que lo obtengáis.'-1 Corintios ix. 24. No basta, pues, orar por la salvación, es necesario orar siempre, hasta obtener la corona que Dios prometió, pero prometió sólo a los que son constantes en la oración hasta el fin.

Si, pues, queremos salvarnos, debemos imitar la conducta del santo David, que mantenía sus ojos siempre vueltos hacia el Señor, implorando la asistencia y protección divinas para escapar de las asechanzas de sus enemigos. Porque vuestro adversario el diablo, como león rugiente, anda alrededor buscando a quien devorar» (1 Pedro v. 8), debéis tener siempre las armas en las manos para defenderos de sus ataques, diciendo con el profeta: "Perseguiré a mis enemigos y los alcanzaré, y no volveré atrás hasta que sean consumidos" (Salmo xvii. 38). 38. Continuaré el combate hasta que vea vencidos a mis adversarios. Pero ¿cómo podremos obtener una victoria tan importante y difícil? San Agustín responde: «mediante

la oración más perseverante», derramando incesantemente nuestras
súplicas mientras dure el combate. San Buenaventura dice: «Puesto
que la batalla nunca cesa, no dejemos nunca de pedir misericordia».
Así como debemos luchar continuamente, para escapar a la derrota
debemos buscar constantemente la ayuda divina. Ay de aquellos que
en el momento de la batalla abandonan la oración. Ay de los que han
perdido la paciencia», dice el sabio -Eccl. ii. 16-. El apóstol nos dice
que 'seremos salvos si retenemos la confesión y la gloria de la esperanza
hasta el fin' (Hebreos iii. 6), si continuamos orando con confianza
hasta la muerte.

Alentados, pues, por la misericordia y las promesas de Dios,
digamos con el mismo apóstol: «¿Quién, pues, nos separará del amor
de Cristo?» (Romanos viii. 35). 35. ¿Quién nos separará del amor
de Cristo? ¿La tribulación? ¿o el peligro de perder los bienes de esta
tierra? ¿o las persecuciones de los demonios o de los hombres? ¿o los
tormentos o la espada de los tiranos? En todas estas cosas vencemos,
por Aquel que nos amó' -Ibid. 37. No, dijo el apóstol, ni la tribulación,
ni la angustia, ni el peligro, ni la persecución, ni los tormentos, pueden
separarnos del amor de Jesucristo. Luchando por Aquel que dio su
vida por nosotros, venceremos, con la ayuda divina, a todos nuestros
enemigos. El Padre Hipólito Durazzo, temiendo, el día en que resolvió
renunciar a la dignidad de prelado romano y consagrarse enteramente
a Dios en la sociedad de Jesús, ser infiel a causa de su debilidad, dijo al
Todopoderoso: '¡No me abandones! Señor, no me abandones, ahora
que me he entregado enteramente a ti'. El Señor le respondió: 'Te
ruego que no me abandones'. Y el siervo de Dios, confiando en la
bondad y el poder divinos, exclamó: 'Entonces tú, oh Dios mío, no me
abandonarás, y yo no te abandonaré'.

En conclusión, si no queremos ser abandonados por Dios, nunca
debemos dejar de rezar para que no nos abandone. Si suplicamos

continuamente su gracia, ciertamente nos asistirá, y nunca permitirá que nos perdamos o que nos separemos de su amor. Y para obtener esta ayuda constante del cielo, cuidemos no sólo de buscar incesantemente el don de la perseverancia final y las gracias necesarias para obtenerla, sino también de pedir anticipadamente al Señor ese gran don que prometió a sus elegidos por boca del profeta: la gracia de perseverar en la oración: «Y derramaré sobre la casa de David y sobre los habitantes de Jerusalén el espíritu de gracia y de oración» (Zacarías xii, 10). Oh, qué gran don es el espíritu de oración, o la gracia de orar siempre. No dejemos, pues, de pedir a Dios esta gracia y este espíritu de oración constante y asidua. Si somos constantes en la oración, obtendremos ciertamente el don de la perseverancia y todos los favores que deseamos, porque Dios no puede faltar a su promesa de escuchar a todos los que invocan su ayuda. Porque -dice San Pablo- por la esperanza somos salvos» (Romanos viii. 24). Si tenemos la firme esperanza de perseverar hasta el fin en la oración continua, podemos considerar segura nuestra salvación. La confianza», dice el venerable Beda, "nos proporcionará una amplia entrada en esta ciudad" -Beda. Ser. 18. de Sanctis. La esperanza nos dará una entrada segura al reino del paraíso.

FIN DE LA PRIMERA PARTE.

RESUMEN DE LA SEGUNDA PARTE

Dios quiere que todos los hombres se salven y que nadie perezca; - exhorta y manda a todos los pecadores que se arrepientan y se conviertan a Él; - su Hijo ha muerto por todos, incluso por las ovejas perdidas de la casa de Israel. Por eso concede a todos abundantes medios de salvación; a los justos, o bien les da la fuerza suficiente para perseverar en la injusticia, o bien la gracia de la oración, por la que pueden procurarse esa fuerza; a los pecadores, aun a los más obstinados, les concede la gracia suficiente para volver a su servicio, o, al menos, la gracia de la oración, por la que pueden obtener, si quieren, los auxilios necesarios para su conversión.

Puesto que se ha probado claramente, en el primer capítulo de la primera parte, que la oración es necesaria para alcanzar la salvación, debemos suponer que cada uno tiene de Dios ayuda suficiente (sin requerir ninguna otra gracia especial) para permitirle orar realmente, y por la oración obtener todas las gracias necesarias para observar hasta la muerte los mandamientos divinos, y así merecer la vida eterna. Así pues, quien está perdido no puede atribuir su condenación a la falta de los auxilios necesarios para la salvación. Así como, en el orden natural, Dios ha ordenado que el hombre nazca desnudo y desprovisto de los medios de subsistencia, y le ha dado facultades mentales y corporales con las que puede procurarse el vestido y todos los demás bienes necesarios para la vida, así, en el orden sobrenatural, los hombres nacen impotentes e incapaces de obtener, por sus propias fuerzas, la vida eterna; pero Dios, por su propia bondad, les concede la gracia de la oración, por la cual pueden obtener todas las gracias necesarias para la observancia de los preceptos divinos y para la salvación eterna. Cuando afirmo que Dios concede a todos la asistencia, por la cual (sin la ayuda de ninguna otra gracia nueva) pueden orar realmente, no quiero decir que la gracia asistente no sea necesaria para la oración; porque, sé que, para realizar cualquier acto de piedad, además de la gracia excitante de Dios, es indispensable su gracia asistente o cooperadora. Pero digo que, sin el auxilio de ninguna nueva gracia previniente, que determine la voluntad del hombre a la oración real, la gracia común a todos capacita a cada uno para orar realmente.

Deseo, pues, ante todo, que se hagan rogativas, oraciones, etc., por todos los hombres, porque esto es bueno y agradable delante de Dios nuestro Salvador, el cual quiere que todos los hombres se salven y lleguen al conocimiento de la verdad. 1 Timoteo II, 1, 2, 4. Debemos, dice San Próspero, creer y profesar sinceramente que Dios quiere que todos los hombres se salven, puesto que el apóstol, que lo ha dicho, ordena que se hagan súplicas a Dios por todos...». Pros. Resp. ad. 2. obje. Vicente. Si -dice San Crisóstomo- Dios quiere la salvación de todos los hombres, es nuestro deber orar por todos. Si quiere que todos se salven, esforcémonos en cooperar con su santa voluntad'-S. Chry, en 1 Timoteo 2. Hom. 7. 'Vivo yo, dijo el Señor Dios, que no quiero la muerte del impío, sino que el impío se convierta de su camino y viva?-Ezequiel xxxiii. 11. El Señor, pues, dice, y, como observa Tertuliano, porque desea ser creído, incluso jura, que no desea la muerte sino la vida del pecador. Porque -dice David- la ira está en su enojo, y la vida en su buena voluntad' -Salmo xxix. 6. Si nos castiga, es porque nuestros pecados provocan su ira; pero nuestra salvación, y no nuestra perdición, es el objeto de sus más ardientes deseos. San Basilio, explicando las palabras «y la vida en su buena voluntad», dice que «Dios quiere que todos participen de la vida». De nuevo, el profeta real dice: 'Nuestro Dios es el Dios de la salvación: y del Señor, del Señor son las salidas de la muerte' -Salmo lxvii. 21. Es peculiar de nuestro Dios, dice Belarmino en su comentario a este pasaje; es su naturaleza ser un Dios de salvación, y un Dios de quien proceden las salidas de la muerte, o la liberación de la condenación». Así pues, el atributo característico de Dios es salvar y librar a todos de la muerte eterna.

Dios invita y ordena a todos los pecadores que vuelvan a él: «Venid a mí, dice el Redentor, todos los que estáis fatigados y agobiados, y yo os aliviaré» (Mateo xi. 28). 28. No queriendo que ninguno perezca, sino que todos vuelvan a la penitencia"-2 Pedro iii. 9. Puesto que el Señor llama a todos a la vida eterna y no quiere que ninguno perezca, debe tener un deseo sincero de la salvación de todos. He aquí que él dice: 'Yo estoy a la puerta y llamo. Si alguno oye mi voz y me abre la puerta, entraré en su casa» (Apocalipsis III, 20). ¿Por qué moriréis, casa de Israel? Volved y vivid' -Ezequiel xviii. 31, 32. Y luego venid y acusadme, dice el Señor: Si vuestros pecados fueren como la grana, como la nieve serán emblanquecidos' -Isaías i. 18. ¿Qué más debo hacer a mi viña, que lo que no he hecho con ella? Cuántas veces quise juntar a tus hijos, como junta la gallina a sus polluelos debajo de las alas, y no quisiste'. -Mateo xxiii. 37. ¿Cómo puede decir el Señor que está llamando al corazón de los pecadores? ¿Cómo iba a exhortarlos a que volvieran a sus brazos? ¿Cómo iba a reprenderlos, diciendo: qué más debo hacer por vuestra redención? ¿Cómo iba a decir que a menudo deseaba reunirlos, como la gallina reúne a sus polluelos, si no tuviera un sincero y ardiente deseo de su felicidad eterna, y si no les hubiera proporcionado abundantes medios, al menos mediante la oración, para obtener la gloria eterna? San Lucas dice que «Jesucristo, al ver la ciudad, lloró sobre ella» -Lucas, xix. 41. Y dice San Crisóstomo: «¿Por qué lloró al ver la ruina de los hebreos, sino porque deseaba ardientemente su salvación?».

Jesucristo ha muerto por todos los hombres y ha ofrecido a su Padre eterno por cada uno, el precio de su Redención. El Hijo del hombre ha venido a salvar lo que se había perdido"-Mateo xviii. 11. Y Cristo murió por todos, para que también los que viven no vivan ahora para sí mismos, sino para aquel que murió por ellos» (2 Corintios, v. 15). Por lo cual nos fatigamos y somos vituperados, porque esperamos en el Dios vivo, que es el Salvador de todos los hombres, mayormente de los fieles.'-1 Timoteo iv. 10. Y él es la propiciación por nuestros pecados; y no sólo por los nuestros, sino también por los de todo el mundo.'-1 Juan, ii. 2. 'El que no perdonó ni a su propio hijo, sino que lo entregó por todos nosotros, ¿cómo no nos ha dado también con él todas las cosas.'-Romanos viii. 32. Si Dios ha dado a su hijo por todos, ¿cómo puede negarles las ayudas necesarias para la salvación? Si con su hijo nos ha dado todas las cosas, ¿cómo puede negarnos el reino preparado para nosotros desde el principio del mundo?

Por tanto, puesto que el Redentor desea ardientemente que todos los hombres se salven y que nadie perezca; puesto que llama a todos los pecadores y les ordena que vuelvan a Él; y puesto que ha ofrecido su sangre por su redención, ¿no es evidente que concede a todos abundantes medios de salvación? En vano estaría el Señor a la puerta y llamaría, si por su gracia no capacitara al pecador para abrir. En vano esperaría que su viña produjera uvas, si no la refrescara con los rocíos del cielo; y cuando el Señor dijera: «¿Qué más debo hacer por mi viña?», el pecador, si no tuviera, al menos la gracia de la oración, por la cual podría obtener la ayuda necesaria para la vida eterna, podría responder que no había producido fruto, porque Dios no le había dado los medios necesarios. En vano invitaría y exhortaría el Todopoderoso a los pecadores al arrepentimiento, si no les concediera los auxilios necesarios para su conversión, o al menos la gracia de la oración, por la que se pudieran procurar estos auxilios. En vano habría muerto Jesucristo por todos los pecadores, si no tuvieran ayuda de lo alto, por la cual pudieran arrepentirse de sus pecados y recibir el fruto de su sangre.

Fiel es Dios, dice el Apóstol, que no os dejará ser tentados más de lo que podéis resistir, sino que hará también con la tentación la salida, para que podáis soportarla"-1 Corintios x. 13. Y el Concilio de Trento, adoptando el lenguaje de San Agustín, ha declarado, que 'Dios no manda imposibilidades, sino que al mandar, os amonesta a hacer lo que podéis, y a pedir lo que no podéis hacer, y os asiste para que podáis hacerlo'-Sesión 6. c. 13. El santo Concilio, entonces, para establecer contra los Reformadores, que la observancia de los mandamientos divinos no es imposible para nadie, ha declarado que todos los hombres tienen gracia para hacer el bien, o al menos la gracia de la oración, por la cual pueden procurar mayor ayuda para hacerlo. Por nuestra fe», dice San Agustín, "que enseña que el Dios de justicia y bondad no puede ordenar imposibilidades, se nos amonesta qué hacer en las cosas fáciles, y qué pedir en las difíciles"- S. Aug. de nat. § grat. cap. 69. Así pues, según el concilio de Trento, está en poder de cada uno observar los mandamientos divinos, o al menos obtener, por medio de la oración, las gracias necesarias para su cumplimiento. Si, pues, Dios ha dado su ley a todos, y ha hecho posible a todos su observancia, al menos por medio de la oración, debemos concluir necesariamente que todos reciben la gracia de la oración. Y como el Señor, por medio de la oración, da la gracia real de hacer el bien, y así hace posibles todos sus preceptos, así otorga a todos la gracia real de la oración: de otro modo, el hombre que no recibiera la gracia real de la oración, no podría obtener, ni siquiera por la oración, la ayuda necesaria para la observancia de los mandamientos divinos, y por lo tanto, para él su observancia sería completamente imposible.

San Basilio dice que «cuando a alguien se le permite caer en la tentación, Dios le capacita para soportarla y para buscar mediante la oración la voluntad de Dios». Bas. Lib. Mor. Summar. Sum. 62, cap. 3. 3. 'Nadie', dice San Crisóstomo, 'puede ser excusado por no haber vencido al enemigo, mientras deje de orar'-S. Cris. Hom. de Moysi. Ahora bien, si el que es vencido por el enemigo no tuviera la gracia necesaria para la oración actual, su derrota sería excusable y no se le podría imputar. ¿Quiénes somos?», dice San Bernardo, »o ¿cuál es nuestra fuerza? Dios ha querido que, viéndonos deficientes y sin otro medio de ayuda, recurramos con toda humildad a su misericordia.'-S. Ber. Ser. 5. de Guadag. El Todopoderoso, pues, nos ha impuesto una ley, que por nosotros mismos somos incapaces de observar, para que recurramos a él por medio de la oración, y obtengamos fuerza para cumplir sus preceptos. Pero si a alguien se le negara la gracia de la oración, la observancia de la ley le sería imposible. Muchos -dice Bernardo- se quejan de que les falta la gracia; pero Dios tiene mucha más razón para quejarse de que a muchos les falta su gracia».

San Agustín dice que Dios impone algunos preceptos que no podemos cumplir para enseñarnos lo que debemos pedirle. Otra vez dice: 'Qué, pues, se nos muestra, a no ser que pedir, y buscar, y llamar, nos sea dado por aquel que nos manda hacer estas cosas'-S. Angus, lib. 1, ad Sempli. qu. 2. Y de nuevo dice: 'Si aún no sois atraídos a Dios, rogad para que seáis atraídos' -Idem Tract. 26, in. Joan. num. 2. En otro lugar, dice: «El alma no sabe qué hacer, porque todavía no ha recibido; pero recibirá, si hace buen uso de lo que ha recibido: pero ha recibido gracia para buscar piadosa y diligentemente, si quiere...»

-Idem Tract. cap. 22, n. 95. 22, n. 95. Luego todos tienen la gracia necesaria para la oración; y quien corresponda con ella, obtendrá gracia para hacer lo que antes estaba por encima de sus fuerzas. El mismo Padre dice en otro lugar: 'El hombre que quiere, pero no puede, que ore para que su voluntad se fortalezca lo suficiente para cumplir los preceptos; porque así se le ayuda a hacer lo que se le manda'- S. Aug. de Orat. lib. orb. t. 10, n. 31, infin. Y de nuevo dice: «Dios manda, para que nosotros, fatigados a causa de nuestra debilidad por nuestros esfuerzos para cumplir los preceptos, aprendamos a pedir el auxilio de la gracia» -ln. Epis. 89. En otro lugar dice: Es cierto que observaremos los mandamientos si queremos; pero como la voluntad es preparada por el Señor, debemos suplicarle que fortalezca nuestra voluntad hasta tal punto, que queriendo podamos cumplir la ley.'- De grat. et lib. arb. cap.. 16. Enseña, pues, el santo Doctor que es cierto que, si queremos, observaremos los preceptos divinos; pero que, para desear cumplir nuestras obligaciones, y para cumplirlas en efecto, es necesaria la oración. La gracia de orar, por tanto, y la gracia de obtener por la oración abundante ayuda para cumplir sus deberes, es dada a todos. Porque, si a alguno le faltase la gracia de orar, no podría cumplir la ley ni desearía cumplirla. A los que decían que eran incapaces de evitar el mal o de hacer el bien, el santo Padre les respondió: «Pero cuando no hacen nada, que recen por lo que todavía no han recibido» -Lib. de Cor. § Gra. cap. 2. n. 4. Y a los que decían que no eran capaces de hacer el bien, el santo Padre les respondió: «Que recen por lo que todavía no han recibido». 2. n. 4. Y si no tuvieran la gracia de la oración, ¿cómo podrían obtener con sus súplicas la fuerza que aún no han recibido?

Que Dios concede a todos la gracia por la que pueden orar realmente y, mediante la oración, obtener los auxilios necesarios para la salvación, se deduce del precepto de la esperanza, que obliga a todos a esperar de Dios la vida eterna. En efecto, si Dios no concediera a todos la gracia necesaria para la oración actual, nadie, sin una revelación especial, podría cumplir con su obligación de esperar la salvación eterna de la misericordia divina. La virtud de la esperanza es tan querida por Dios, que ha declarado que se complace en los que confían en Él. El Señor se complace en los que esperan en su misericordia"-Salmo cxlvi. 11. Promete a todos los que esperan en él que vencerán a sus enemigos, que perseverarán en su gracia y alcanzarán la gloria eterna. Porque esperó en mí, yo lo libraré: Yo lo protegeré: Lo libraré y lo glorificaré' -Salmo xc. 14, 15. 'Los salvará, porque han esperado en él' -Salmo xxxvi. 40. Guárdame, Señor, porque en ti he confiado' -Salmo xv. 1. Nadie ha esperado en el Señor y ha sido confundido' -Eccl. ii. 11. Y sabemos que el cielo y la tierra pasarán, pero las promesas de Dios nunca fallarán. El cielo y la tierra, dice el Señor, pasarán, pero mi palabra no pasará"-Mateo xxiv. 35. Todo el mérito del hombre, dice San Bernardo, consiste en poner todas sus esperanzas en Dios. Ber. Ser. 15. en Sal. xc. Porque, los que esperan en el Señor, honran y adoran su divina majestad. E invócame en el día de la angustia: Yo te libraré, y tú glorificarás.'- Sal. xlix. 15. El que confía en el Todopoderoso, honra y adora el poder, la misericordia y la veracidad divinos; porque, al esperar la vida eterna, de la bondad divina, cree que Dios es capaz y está dispuesto a salvarle, y que no puede faltar a sus promesas de salvar a todos los que confían en él. El profeta nos asegura que la misericordia de Dios se derramará sobre nosotros en proporción a nuestra confianza en su bondad. Que tu misericordia, Señor, sea con nosotros, como hemos esperado en ti' -Salmo xxxii. 22.

Ahora bien, esta virtud divina agrada tanto al Señor, que nos ha impuesto la estricta y penosa obligación de esperar en su misericordia: 'Confiad en él toda la congregación del pueblo' -Salmo lxi. 9. 'Los que teméis al Señor, esperad en él' -Eccl.ii. 9. 'Espera en tu Dios'-Oseas,

xii. 6. 'Confía plenamente en la gracia que se te ofrece'-1Pedro i. 13. Pero nuestra esperanza, para ser agradable a Dios, debe ser firme y cierta. 'La esperanza -dice Santo Tomás- es una espera cierta de la bienaventuranza' -S. Tom. 2. 2. q. 18. ar. 4.; y el Concilio de Trento dice que «todos deben poner y descansar una esperanza muy firme en la asistencia divina; porque, si no les falta su gracia, Dios, como comenzó la buena obra, la terminará, capacitándolos para querer y cumplir». Porque yo sé -dice San Pablo- a quién he creído, y estoy seguro de que es poderoso para guardar lo que le he confiado"-2 Timoteo i. 12. La esperanza de los cristianos difiere de la de los mundanos en su certeza. La esperanza de los mundanos es siempre incierta, y no puede ser de otra manera, puesto que depende de la palabra de hombres débiles y falibles, que pueden ser incapaces o no estar dispuestos a redimir su promesa, y por lo tanto, pueden fallar en el cumplimiento de su promesa. Pero la esperanza cristiana es cierta por parte de Dios, que puede y quiere salvarnos, que ha prometido la salvación a los que observan su ley, y ha prometido también, a todos los que se lo pidan, las gracias necesarias para su observancia.

Es verdad, como dice el Doctor Angélico, que la esperanza va acompañada de temor; (Ibidem, ad. 3.) pero este temor no nace de la aprensión de que no se cumplan las promesas divinas, sino de la convicción de nuestra propia fragilidad, que nos expone al peligro de no corresponder a la gracia divina y de violar la ley divina. El Concilio de Trento, por tanto, ha condenado justamente la doctrina de los reformadores, quienes, por negar el libre albedrío al hombre, afirmaban que todo cristiano debía tener una certeza infalible de perseverancia y salvación. Este error fue condenado por el Concilio de Trento, porque, como ya he dicho, para obtener la salvación es necesaria nuestra correspondencia con la gracia de Dios, y esta correspondencia es siempre incierta y falible. Por eso, para prevenirnos contra el peligro de confiar presuntuosamente en nuestras propias fuerzas, quiere el Señor, por una parte, que siempre tengamos miedo de nosotros mismos; y, para conservar en nuestras almas una confianza firme y cierta en su bondad, desea, por otra, que tengamos la plena convicción de su buena voluntad y de recibir su ayuda siempre que la pidamos. Santo Tomás dice que, confiando en el poder y en la misericordia divinos, debemos esperar con certeza la felicidad eterna de Dios: «Quien tiene fe, está seguro del poder y de la misericordia de Dios» -Ibidem, a, 2.

Puesto que, por tanto, nuestra esperanza en Dios debe ser cierta, debemos tener fundamentos seguros e infalibles de esperanza. Porque si el fundamento de nuestra esperanza fuera incierto, no podríamos esperar con certeza recibir de Dios la vida eterna y las gracias necesarias para alcanzarla. Pero San Pablo enseña que el que desea salvarse debe ser firme e inconmovible en la esperanza: «Si así permanecéis en la fe, cimentados y firmes, e inconmovibles en la esperanza del Evangelio que habéis oído» (Colosenses 1:23). Y en otro lugar dice que, estando fundada nuestra esperanza en las promesas de Dios, debe ser inamovible como un ancla segura y firme: «Y deseamos que cada uno de vosotros muestre el mismo cuidado en el cumplimiento de la esperanza hasta el fin, para que por dos cosas inmutables, en las cuales es imposible que Dios mienta, tengamos el mayor consuelo, quienes hemos huido en busca de refugio para mantener firme la esperanza puesta ante nosotros, la cual tenemos como un ancla del alma, segura y firme» (Heb. vi. 11, 18). De ahí que San Bernardo diga que nuestra esperanza no puede ser incierta, porque se apoya en las promesas de Dios: 'Ni nuestra expectación parece vana, ni nuestra esperanza dudosa, puesto que nos apoyamos en las promesas de la verdad eterna'-S. Ber, Ser, 7. en Sal. xc. v. 1. Y en otro lugar, hablando de sí mismo, dice que su esperanza depende de la caridad con que Dios nos adoptó como hijos suyos, de la verdad de sus promesas y de su capacidad para cumplirlas: Considero tres cosas en las que consiste mi esperanza: la caridad de la adopción, la verdad de la promesa y el poder de su cumplimiento'-S. Ber. Ser. 3. Dom. 6. post Ben. n. 6.

Es por esta razón que Santiago nos dice que si esperamos las gracias de Dios, debemos demandarlas, no con vacilación, sino con una confianza segura de que nuestra petición será escuchada: 'Pero que pida con fe, sin vacilar. Porque el que vacila es semejante a la ola del mar, que es movida y arrastrada por el viento. Por tanto, no piense ese hombre que recibirá cosa alguna del Señor' -S. Sant. i. 6, 7. Y San Pablo alaba la fe de Abraham, quien, convencido de la infalibilidad de las promesas de Dios, puso en ellas una confianza ilimitada y sin vacilaciones. En la promesa de Dios no vaciló por desconfianza, sino que se fortaleció en la fe, dando gloria a Dios, plenamente convencido de que todo lo que ha prometido puede también cumplirlo» (Romanos iv. 20, 21). Jesucristo nos dice que recibiremos todas las gracias que deseemos, cuando las pidamos con la confianza segura de obtenerlas: Por eso os digo que todo lo que pidáis orando, creed que lo recibiréis, y os vendrá' -Marcos xi. 24. En una palabra, Dios no atenderá nuestras oraciones, a menos que creamos con certeza que serán escuchadas.

Por tanto, nuestra esperanza de salvación debe ser cierta en cuanto depende de Dios. Los fundamentos de esta certeza son, como ya hemos dicho, el poder y la misericordia de Dios, y su fidelidad a sus promesas. Pero el más fuerte y seguro de estos tres es la infalibilidad de Dios en el cumplimiento de las promesas que ha hecho, por los méritos de Jesucristo, de salvarnos y concedernos las gracias necesarias para la salvación. Porque, aunque el poder y la misericordia de Dios son infinitos, no podríamos esperar con certeza la vida eterna de Él, si no nos la hubiera prometido infaliblemente. Ahora bien, está claro, según las Escrituras, que Dios ha prometido la vida eterna sólo a condición de que oremos por ella: «Pedid y recibiréis; si pedís algo al Padre en mi nombre, os lo dará; debemos orar siempre; si alguno quiere sabiduría, que la pida a Dios». Que la promesa de Dios de llevarnos a la gloria eterna es condicional, puede probarse por todos los pasajes de las Escrituras y de los escritos de los Padres, por los que se demostró en el primer capítulo de la primera parte que la oración es un medio necesario de salvación.

Ahora bien, si no tuviéramos la certeza de que Dios concede a todos la gracia por la cual (sin requerir ninguna otra gracia especial que no sea común a todos) pueden orar realmente, ¿qué seguridad o fundamento podríamos tener en Dios para esperar con certeza la felicidad eterna? Los fundamentos de la esperanza que surgen del poder y la misericordia de Dios y de su fidelidad a sus promesas deberían ser, en ese caso, dudosos e inciertos. Cuando estoy seguro de que por la oración obtendré la vida eterna y todas las gracias necesarias para ella, y que Dios (puesto que la concede a todos) no me negará la gracia de orar realmente, si lo deseo, entonces tengo un motivo seguro e infalible para esperar de Él la salvación, siempre que no sea infiel. Pero cuando no estoy seguro de que Dios me conceda la gracia particular que no concede a todos, y que es necesaria para la oración real, entonces el fundamento de mi esperanza en Dios es dudoso, y esa esperanza, que, según el apóstol, debe ser inamovible, firme y segura, se destruye por completo. El cumplimiento, pues, del precepto de la esperanza, por el que todos están obligados, requiere que todos, incluso los pecadores más endurecidos, tengan al menos la gracia por la que puedan orar realmente, y por la oración obtener toda la ayuda necesaria para la salvación. He querido establecer este punto, en primer lugar, en honor de la divina Providencia; en segundo lugar, para ayudar y alentar a aquellos pecadores que, a consecuencia de las enormidades de sus pecados, podrían imaginar que están totalmente abandonados por Dios, y totalmente desprovistos de su gracia, y por lo tanto podrían abandonarse a la desesperación; y tercero, quitar toda excusa a los que se dicen incapaces de resistir los ataques de la carne y del demonio, demostrándoles que todos los condenados están perdidos por su propia culpa, y que Dios da a cada uno la gracia de la oración, por la cual, si quiere, puede obtener fuerza para vencer la concupiscencia y toda tentación. Pero mi principal objeto ha sido inculcar a todos el uso de este poderosísimo y necesario medio de la oración, para que todos los que deseen salvarse, en lo sucesivo lo practiquen con mayor diligencia y celo. Porque, debido a que no oran ni solicitan la asistencia divina, muchas pobres almas pierden la gracia de Dios, continúan viviendo en pecado y al final se condenan. Y a pesar de la necesidad de este gran medio de salvación, la mayor parte de los predicadores y confesores rara vez exhortan a sus oyentes o penitentes a la práctica de la oración, sin la cual es imposible observar la ley de Dios u obtener el don de la perseverancia en su gracia.

Convencido de la absoluta necesidad de la oración, inculcada en innumerables pasajes del Antiguo y Nuevo Testamento, he introducido en las misiones de nuestra congregación una regla, que se ha observado durante muchos años, y que prescribe que en cada misión se predique un sermón sobre la oración. Y digo, y repito, y repetiré mientras viva, que nuestra salvación depende enteramente de la oración; que, por esa razón, todos los escritores en sus libros, todos los predicadores en sus sermones, y todos los confesores en el tribunal de penitencia, no deberían inculcar nada con mayor celo que la práctica de la oración continua, y que deberían exclamar y repetir constantemente: Rezad, rezad, y nunca dejéis de rezar. Porque, si rezas, tu salvación está asegurada; si descuidas la oración, tu perdición es inevitable. Tal debería ser la práctica de todos los predicadores y confesores, puesto que todos los católicos sostienen que quien reza obtendrá infaliblemente la gracia y se salvará. Pero el número de los que practican la oración es muy pequeño, y por eso son pocos los que obtienen la vida eterna.

APÉNDICE

Un Jugador para obtener la Perseverancia Final.

Padre ETERNO, te adoro humildemente y te doy gracias por haberme creado y por haberme redimido por Jesucristo. Te doy gracias muy sinceramente, por haberme hecho cristiano, dándome la verdadera fe, y adoptándome como tu Hijo, en el sacramento del Bautismo. Te doy gracias por haber esperado, después de los innumerables pecados que había cometido, mi arrepentimiento, y por haber perdonado (como humildemente espero) todas las ofensas que te he ofrecido, y de las que ahora estoy sinceramente arrepentido, porque han sido desagradables a ti que eres la Bondad infinita. Te doy gracias por haberme preservado de tantas recaídas de las que habría sido culpable, si no me hubieras protegido. Pero mis enemigos siguen y seguirán hasta la muerte combatiendo contra mí y esforzándose por hacerme su esclavo. Si no me proteges y socorres constantemente con tu ayuda, yo, miserable criatura, volveré al pecado, y perderé ciertamente tu gracia. Te ruego, pues, por el amor de Jesucristo, que me concedas la santa perseverancia hasta la muerte, que tu Hijo Jesús ha prometido, que concederás todo lo que pidamos en su nombre. Por los méritos, pues, de Jesucristo, te pido, para mí y para todos los justos, la gracia de no separarme nunca más de tu amor, sino de amarte para siempre, en el tiempo y en la eternidad. María, Madre de Dios, ruega a Jesús por mí.

Oración a Jesucristo para obtener su santo Amor.

Oh MI queridísimo Jesús, mi amor crucificado, creo y confieso, que eres el Hijo de Dios y mi Salvador. Desde el abismo de mi nada, te adoro, y te doy gracias por la muerte que has sufrido, para obtenerme la vida de la gracia. Mi amado Redentor, a ti debo mi salvación. Por ti he sido preservado hasta ahora del infierno. Por ti he recibido el perdón de mis pecados. Pero yo, desgraciado ingrato, en vez de amarte, te he ofendido de nuevo. He merecido ser condenado a ese lugar en el que nunca pude amarte. Oh Jesús mío, castígame como quieras, pero no con la privación de tu amor. Si en mi vida pasada no te he amado, lo lamento sinceramente, y ahora te amo, y no deseo nada en el cielo ni en la tierra, sino amarte con todo mi corazón. Pero, sin tu ayuda no puedo hacer nada. Ya que, pues, me mandas amarte, dame gracia para cumplir tan dulce y hermoso precepto Tú has prometido conceder todo lo que te pidamos. Pedid todo lo que queráis y se os hará. Confiando, pues, en esta promesa, oh mi amadísimo Jesús, te pido, en primer lugar, el perdón de todos mis pecados, que detesto sobre todas las cosas, porque te han ofendido a ti que eres Bondad infinita. Te pido la santa perseverancia en tu gracia hasta la muerte. Pero, sobre todo, te pido el don de tu santo amor. Ah, Jesús mío, mi esperanza, mi amor y mi todo, inflámame con ese fuego de amor que viniste a encender en la tierra. Enciende en mi alma el fuego de tu amor, y concédeme ser siempre resignado y conforme a tu santa voluntad. Ilumíname para ver continuamente aún mejor, cuánto mereces ser amado, y para comprender el inmenso amor que me has profesado, pero especialmente cuando diste tu vida por mí. Dame, pues, la gracia de amarte con todo mi corazón, de amarte continuamente, y de buscar constantemente, en esta vida, la gracia de amarte, para que perseverando en tu santo amor hasta la muerte, llegue un día en que te ame con todas mis fuerzas en el cielo y no cese de amarte por toda la eternidad.

Oh Madre del Amor, María, mi abogada y refugio, tú que eres la más bella de todas las criaturas, y la más amada por Dios; tú que eres la más ardiente amante de Dios, y no deseas otra cosa que verlo amado por todos. Ah, por el amor que tienes a Jesucristo, ruega por mí, y obtén la gracia de amarle siempre, con todo mi corazón. De ti pido este favor, de ti espero recibirlo Amén.

Oración para obtener Confianza en los méritos de Jesucristo, y en la intercesión de María.

Padre ETERNO, te doy gracias de todo corazón, en mi nombre y en el del género humano, por la gran misericordia que has tenido con nosotros, al enviar a tu Hijo a asumir carne humana y a morir, para obtenernos la vida eterna. Te doy gracias por esta gran misericordia y, en acción de gracias por ella, deseo amarte tanto como merece un favor tan grande. Por sus méritos, que han satisfecho tu justicia, por el castigo que se nos debía, perdonas nuestras faltas; por ellos, recibes en gracia a miserables pecadores que no merecen más que tu odio y el fuego eterno; por ellos, admites a los gusanos de la tierra en el reino de tu gloria; por ellos, en fin, te has obligado a conceder todo favor que te pidamos en nombre de Jesucristo.

Te doy gracias también, oh Bondad infinita, que, para fortalecer nuestra confianza, además de Jesucristo, a quien has enviado como nuestro Redentor, nos has dado también por abogada a tu amada hija María, para que ella, con ese corazón que le has dado, lleno de misericordia, socorra continuamente con sus oraciones a todos los pecadores que recurren a ella; para que los asista con esa intercesión que has hecho tan poderosa ante tu divina Majestad, que no sabes cómo negarle ningún favor que te pida.

Es tu voluntad que tengamos gran confianza en los méritos de Jesús y en la intercesión de María. Pero esta confianza es un don tuyo; es un gran don que sólo concedes a aquellos a quienes quieres salvar. Esta confianza, pues, en la Sangre de Jesús, y en el patrocinio de María, te la pido por los méritos de Jesús y de María. A ti también clamo, oh querido Redentor, que para obtenerme la confianza en tus méritos, has sacrificado tu vida en la cruz. Cumple, pues, el fin por el que moriste: concédeme que, confiando en tu pasión, pueda esperar todas las cosas. Y tú, oh María, Madre mía y esperanza mía después de Jesucristo, consígueme una firme confianza en los méritos de tu Hijo y en tus omnipotentes oraciones, por las que obtienes de Dios todo lo que pides. Oh mi amado Jesús. Oh dulce Madre mía, María, a ti que tan tiernamente me has amado, confío y consigno mi alma: ten piedad de mí y sálvame.

ACTOS DEVOTOS

A realizar en la Visita al Santísimo Sacramento y a la imagen de la Santísima Virgen María. (En las Visitas públicas hechas por el pueblo, estas Actas unitarias serán leídas en voz alta por el Sacerdote, y serán repetidas por el pueblo).

Oh alma MÍA, excita tu fe y tu confianza. Estás ante la majestad infinita de tu Dios, que, por amor a ti, bajó del cielo; que se hizo hombre y murió en una cruz por tu salvación; que ahora permanece en el Santísimo Sacramento para escucharte y concederte todas las gracias que le pidas. Háblale, pues, y dile,

Acto de fe y de adoración.

Oh Dios mío, porque has revelado que eres la verdad infalible, creo todo lo que la santa Iglesia propone a mi creencia. Creo que eres el Señor soberano del cielo y de la tierra, que recompensarás a los buenos con la felicidad eterna y castigarás a los malvados con tormentos eternos. Creo que en ti, que eres un solo Dios, hay tres personas divinas, el Padre, el Hijo y el Espíritu Santo. Creo, oh adorable Hijo de Dios, que te hiciste hombre en el seno de María; que moriste en una cruz por nuestra salvación; y que, en este momento, estás presente en el Santísimo Sacramento, para alimentarnos con tu carne en la Sagrada Comunión, y para escuchar nuestras oraciones cuando visitamos tus altares. Postrado, pues, a tus pies, yo, miserable pecador, aunque indigno de comparecer ante ti y merecedor sólo del fuego eterno, adoro a tu infinita Majestad, uniendo mi adoración a la que te tributan los ángeles y los santos, junto con María santísima.

Un acto de esperanza.

Oh mi querido Redentor, confiando en tu omnipotencia, en tu infinita bondad y misericordia, y en las promesas que nos has hecho, espero firmemente, por los méritos de tu pasión, obtener el perdón de mis pecados, la perseverancia en tu gracia hasta la muerte y, finalmente, espero verte y amarte eternamente en el cielo.

Un acto de caridad.

Oh Dios mío, porque sois infinitamente bueno y digno de infinito amor, os amo con todo mi corazón y sobre todas las cosas, y deseo veros amado por todos los hombres, tanto como merecéis ser amado me alegro de que lo seáis y seréis infinitamente feliz por toda la eternidad.

Acto de Contrición.

Oh MI amado Redentor, si por ti hubiera abandonado todas las cosas, y hubiera pasado mi vida en el desierto; si hubiera muerto en medio de tormentos por tu amor, seguramente todo esto no sería nada en comparación con la amarga muerte que condescendiste a sufrir por mí. Pero, ¿cómo te he tratado en el pasado? Te he pagado con ingratitud: en vez de amarte, he ofendido frecuentemente tu majestad, y te he vuelto la espalda, despreciando ingratamente tu gracia y tu amor. Me arrepiento, oh Jesús mío, y lo siento de todo corazón, por haberte ofendido a ti que eres infinita Bondad. Ojalá hubiera muerto antes de haber insultado a vuestra majestad. Odio y detesto todas las injurias que os he ofrecido. Prometo y me propongo, para el futuro, morir antes que ofenderos nunca más: Resuelvo asimismo recibir en vida, y en la hora de mi muerte, los Santos Sacramentos. El resto de mi vida, sea corta o larga, deseo, oh Majestad infinita, gastarlo en amarte a ti, mi único bien, que eres amable sobre todo bien. Pero ¿de qué servirán estas promesas, oh Dios de mi alma, si no me socorres? Sin tu ayuda, te traicionaré de nuevo, y te ofenderé aún más gravemente de lo que lo he hecho hasta ahora. Busco y espero, por los méritos de tu pasión, la gracia de la perseverancia; concédemela, Señor, y no permitas que vuelva a separarme de ti: que muera antes que perder tu gracia y convertirme en tu enemigo.

Acto de acción de gracias.

Oh Jesús mío, te doy gracias por todas las gracias que me has concedido: por haberme creado, por haberme redimido con tu sangre, por haberme hecho cristiano por el santo bautismo, por haberme soportado tanto tiempo, mientras continuaba ofendiéndote. Si hubiera muerto en mis pecados, ahora estaría en el infierno, estaría perdido, oh Dios mío, y nunca podría amarte. Te doy gracias, pues, por haberme esperado con tanta paciencia, por haberme perdonado (como espero) tan misericordiosamente. Te doy gracias particularmente por haberme dejado tu precioso cuerpo en el santísimo sacramento, por haberme dado tantas veces a ti mismo para alimento y nutrición de mi alma, y por admitirme ahora en tu santa presencia. Te doy gracias por todos tus favores, y espero agradecértelos por toda la eternidad en el cielo, donde espero cantar eternamente tus misericordias.

Acto de oblación,

Oh MI Jesús, has sufrido una muerte dolorosa e ignominiosa por amor a mí; has derramado la última gota de tu sangre por mi redención. ¿Qué puedo hacer yo a cambio de tanto amor? No puedo hacer otra cosa que ofrecerte todo mi ser. Sí, Señor, me ofrezco y me consagro enteramente a ti. Te doy mi alma, mi cuerpo y mi voluntad, sometiéndome en todo, y para siempre, a tu santísima voluntad. Haz de mí lo que te plazca. Sólo haz que te ame en esta vida y en la otra, y luego dispone de mí y de todo lo que poseo del modo que quieras. Dime lo que deseas de mí y, con la asistencia de tu santa gracia, lo haré.

Oración.

Te encomiendo, Señor, al Sumo Pontífice y a todos los obispos y sacerdotes; dales ese espíritu que les permita santificar al mundo entero. Te encomiendo a todos los infieles, herejes y pecadores: concédeles luz y fuerza para abandonar el pecado y consagrarse por entero al amor tuyo, que eres bondad infinita. Te encomiendo a todos los que están en su última agonía, a mis padres, bienhechores y amigos: y te encomiendo, de manera especial, a todos mis enemigos, porque tú me lo ordenas. Hazlos felices, Señor, en esta vida, y glorifícalos en la otra Te encomiendo las almas del Purgatorio: alivia sus penas, y acorta el tiempo de su destierro, para que gocen pronto de tu gloria en el cielo.

Finalmente te ruego, oh Jesús, que, desde ese trono de amor en el que estás sentado en este sagrario, me concedas, por tus méritos, un profundo y sincero dolor por mis pecados, y el pleno perdón de todas las ofensas que te he ofrecido. Concédeme santa humildad y mansedumbre, para que pueda soportar con paciencia todos los desprecios y persecuciones. Concédeme la gracia de practicar la mortificación que deseas. Dame perfecta resignación a tu voluntad, para que pueda abrazar con alegría todas las cruces que me vengan de tus santas manos. Dame luz para conocer y fuerza para ejecutar tu santa voluntad. Dame gran confianza en tu santísima pasión y en el patrocinio de María, tu bendita madre. Dame el gran don de tu santo amor, y un fuerte deseo de amarte, para que pueda decir siempre, oh Dios mío, deseo gozar sólo de ti, y nada más. Dame fuerza para perseverar en tu amor hasta la muerte, y para no perder nunca tu santa gracia. Sobre todo, te suplico que me des la gracia de buscar continuamente esta santa perseverancia, encomendándome siempre a ti y a tu bendita Madre, especialmente diciendo constantemente, cuando me sienta tentado, Jesús y María, Jesús y María, asistidme. Padre eterno, por amor de Jesucristo, concédeme todas estas gracias.

Comunión espiritual.

Oh Jesús mío, te amo con todo mi corazón y deseo estar siempre unida a ti. Ya que no puedo recibirte sacramentalmente, deseo recibirte espiritualmente. Ven, pues, a mi alma; deseo abrazarte, me uno enteramente a ti, y te suplico que no permitas nunca que me separe de ti.

[Aquí se rezarán las letanías de la Santísima Virgen y el himno siguiente, con el V. R. y la oración, etc.].

EL HIMNO, Pange Lingua.

En español.

Canta, oh lengua mía, adora y alaba La profundidad de los misteriosos caminos de Dios: Cómo Cristo, el gran rey del mundo, otorgó Su carne, oculta en el alimento humano. Y dejó a la humanidad la sangre que pagó El rescate de las almas que hizo.

Dada desde lo alto y nacida para el hombre, Desde el vientre de la Virgen comenzó su vida; Vivió en la tierra y predicó para sembrar las semillas de la verdad celestial abajo; Luego selló su misión desde lo alto Con extraños efectos de poder y amor.

Aquella noche, cuando pasó la última y más misteriosa cena, Cristo se sentó con sus discípulos. Para cerrar la ley con la carne legal; Entonces a los doce él mismo otorgado Con sus propias manos, para ser su alimento.

El Verbo hecho carne, por amor al hombre, Por su palabra convierte de nuevo el pan en carne; Y el vino en sangre no vista por los sentidos, En virtud de la omnipotencia: Y aquí los fieles descansan seguros, Mientras Dios puede dar fe, y la fe asegurar.

Tantum ergo.

A esta mesa misteriosa inclinamos nuestras rodillas, nuestros corazones y nuestros sentidos: Que los ritos antiguos resignen su lugar a los elementos más nobles de la gracia; Y la fe supla todos los defectos, Mientras el sentido se pierde en el misterio. A Dios Padre, nacido de nadie. A Cristo, su Hijo coeterno, Y al Espíritu Santo, cuyos rayos iguales De ambos proceden, una misma alabanza: Un honor, jubilo y fama, Por siempre bendiga su glorioso nombre. Amén.

V. Les has dado pan del cielo. Aleluya. R. Les has colmado de toda dulzura y delicia. Aleluya.

Oremos.

Oh DIOS, que nos has dejado en este admirable sacramento un perpetuo memorial de tu pasión; concédenos, te suplicamos, reverenciar de tal modo los sagrados misterios de tu cuerpo y de tu sangre, que encontremos continuamente en nuestras almas el fruto de tu redención: que vives y reinas, etc.

Visita a María, Madre de Dios.

Oh GRAN Reina del Cielo, santísima e inmaculada Virgen María, yo, miserable pecador, te saludo desde esta tierra y te venero como Madre de Dios. Entre todas las criaturas eres la más bella, la más santa, la más amable y la más amada por Dios. Te amo, oh mi Señora, sobre todas las cosas después de Dios, y deseo verte amada por todos. Me alegro de tus glorias y doy gracias al Señor por tu gran exaltación. Te doy gracias, oh Madre mía, por todos los favores que me has obtenido de Dios, durante todo el curso de mi vida. Me dedico a tu servicio para siempre, y me pongo bajo tu protección. Acéptame, oh Reina mía, y no me rechaces como merecen mis pecados. Sé que eres tan poderosa ante Dios, que él nunca rechaza ningún favor que le pidas. Oh Madre de misericordia y refugio de los pecadores, en tus manos pongo mi alma; ah, ten piedad de mí. Encomiéndame a tu Hijo y obtén para mí el perdón de todos mis pecados, el don del amor divino y la fuerza para perseverar, vivir y morir en gracia de Dios. Sobre todo, te ruego que me obtengas la gracia de encomendarme siempre a ti, y particularmente cuando me sienta tentado de ofender a Dios. Ayúdame siempre en la vida y en la muerte. Oh Madre mía, en ti confío. Mi salvación depende de los méritos de Jesús, tu Hijo, y de tu intercesión. Por ellos espero salvarme; que no me confundan. Amén.

EL HIMNO, Pange Lingua. En latín.

PANGE lingua gloriosi Corporis mysterium, Sanguinisque pretiosi, Quem in mundi pretium Fructus ventris generosi, Rex effudit Gentium. Nobis datus, nobis natus Ex intacta Virgine, Et in mundo conversatus, Sparso verbi semine; Sui moras incolatus, Miro clausit ordine: In supremse nocte coense, Recumbens cum fratribus, Observata lege plene Cibis in legalibus; Cibum turba duodenae Se dat suis manibus. Verbum caro, panem verum Verbo carnem efficit; Fitque sanguis Christi merum Etsi sensus deficit; Ad firmandum cor sincerum Sola fides sufficit. Tantum ergo sacramentum Veneremur cemui: Et antiquum Documentum Novo cedat ritui; Praestat fides supplementum Sensuum defectui. Genitori, Genitoque Laus & jubilatio, Salus, honor, virtus quoque Sit & benedictio; Procedenti ab utroque Compar sit laudatio. Amen.

Vers. Panem de coelo praestitisti eis. Aleluya, Resp. Omne delectamentum in se habentem, Alleluia.

Oremus.

DEUS, qui nobis sub sacramento mirabili passionis tuae memoriam reliquisti, tribue quaesumus, ita nos corporis & sanguinis tu sacra mysteria venerari; ut redemptioni tuae fructum in nobis jugiter sentiamus. Qui vivis & regnas, &c.

EL HIMNO, Adoro te devote.

Te adoro DEVOTAMENTE, oh Deidad oculta, Que mejor se oculta en verdad bajo estas formas; A ti se somete todo mi corazón, Porque se encuentra completamente perdido al contemplarte. La vista, el sentimiento y el gusto están aquí engañados, pero sólo el oído puede creer con seguridad; Creo todo lo que el Hijo de Dios ha dicho; Nada puede ser más cierto que la palabra de la verdad. En la cruz sólo se ocultó la divinidad, pero aquí también se oculta la humanidad. Sin embargo, creo y confieso lo uno y lo otro, y hago la misma petición que el ladrón penitente. No veo aquí tus llagas, como Tomás, pero confieso que eres mi Dios. Haz que siempre crea más y más en ti. Y siempre ponga mi confianza en ti, y te ame. Oh bendito memorial de la muerte de nuestro Señor, Oh Pan vivo, que das vida al hombre, Haz que mi alma viva siempre en ti; Haz que saboree siempre tu dulzura. Oh piadoso pelícano, Jesús nuestro Señor, Límpiame a mí, pecador impuro, con tu sangre; Una gota de la cual basta para salvar Al mundo entero de todas sus culpas. Oh Jesús, a quien ahora veo bajo un velo, ¡Oh cuándo llegará esa hora, que tanto anhelo! Cuando el velo sea quitado, veré tu rostro, Y seré feliz para siempre en la contemplación de tu gloria. Amén.

FIN.